Phänomen Verschwörungstheorien

TVZ

Christian Metzenthin (Hg.)

Phänomen Verschwörungstheorien

Psychologische, soziologische und
theologische Perspektiven

Beiträge zur Tagung der Kommission
Neue Religiöse Bewegungen des Schweizerischen
Evangelischen Kirchenbunds (NRB/SEK)
vom 9.11.2018 in Zürich

TVZ

Theologischer Verlag Zürich

Publiziert mit freundlicher Unterstützung des Schweizerischen Evangelischen Kirchenbunds.

Wo nicht anders nachgewiesen, werden Bibelstellen nach der Zürcher Bibel (2007) zitiert. © Verlag der Zürcher Bibel beim Theologischen Verlag Zürich.

Der Theologische Verlag Zürich wird vom Bundesamt für Kultur mit einem Strukturbeitrag für die Jahre 2019–2020 unterstützt.

Bibliografische Information der Deutschen Nationalbibliothek
Die Deutsche Nationalbibliothek verzeichnet diese Publikation in der Deutschen Nationalbibliografie; detaillierte bibliografische Daten sind im Internet über ‹http://dnb.dnb.de› abrufbar.

Umschlaggestaltung
Simone Ackermann, Zürich, unter Verwendung einer Zeichnung von Melina Kuchling und Saskia Kuhnen

Druck
Rosch Buch, Scheßlitz

ISBN 978-3-290-18259-5 (Print)
ISBN 978-3-290-18260-1 (E-Book: PDF)

© 2019 Theologischer Verlag Zürich
www.tvz-verlag.ch

Alle Rechte, auch die des auszugsweisen Nachdrucks, der fotografischen und audiovisuellen Wiedergabe, der elektronischen Erfassung sowie der Übersetzung, bleiben vorbehalten.

Inhalt

Vorwort *von Ruth Pfister* 7

Christian Metzenthin
Verschwörungstheorien und Religion
Wissen – Glauben – Vertrauen 9

Miryam Eser Davolio
Verschwörungstheorien als Trigger
jihadistischer Radikalisierung 19

Christian Ruch
Traue niemandem!
Was fasziniert an Verschwörungstheorien? 39

Dieter Sträuli
Im Banne des Großen Anderen
Die unbewussten Wurzeln von
Verschwörungstheorien und Sektendynamik 61

Matthias Pöhlmann
Im Sinnlosen Sinn finden?
Theologische Unterscheidungshilfen
zum Verschwörungsglauben 77

Christian Metzenthin und Jasmin Schneider
Den Fake erkennen
Eine Handreichung für Unterricht und
Erwachsenenbildung 111

Autorinnen und Autoren 131

Vorwort

Seit fast 35 Jahren setzt sich die Kommission Neue Religiöse Bewegungen des Schweizerischen Evangelischen Kirchenbunds (NRB/SEK) mit den religiösen und weltanschaulichen Strömungen und Gruppierungen in der Schweiz auseinander. Diese sind stets Indikatoren des religiösen und gesellschaftlichen Wandels. Zunehmend plurale und individualisierte Weltanschauungen – und mit ihnen auch Verschwörungstheorien – stellen Anfragen an Kirche und Gesellschaft und fordern zu Gespräch und Antworten heraus. Zu dieser Auseinandersetzung leistet der vorliegende Band, der auf die Tagung dieser Kommission vom 9.11.2018 in Zürich zurückgeht, mit Beiträgen aus verschiedenen Perspektiven wichtige Anstöße.

Als Mitglied des Rats des Schweizerischen Evangelischen Kirchenbunds ist mir bei der Thematik «Verschwörungstheorien» dreierlei wichtig:

Erstens gilt es, die Menschen ernst zu nehmen, die sich den rasanten ökonomischen, informations- und kommunikationstechnologischen Entwicklungen ohnmächtig ausgeliefert fühlen und einfache Erklärungen für die komplexe Wirklichkeit suchen. Wir müssen ihnen zuhören, um zu verstehen, was sie beschäftigt. Hier haben wir auch eine seelsorgliche Aufgabe.

Zweitens: Verschwörungstheorien sind Symptome für die Gefährdung des gesellschaftlichen Zusammenhalts. Zunehmend nehmen Menschen eine Verweigerungshaltung gegenüber der Mehrheitsgesellschaft ein. Hier scheint es mir wichtig, gerade auch die Kirche als einen Ort im Gespräch zu halten, wo echte Kontakte möglich sind, wo Menschen mit unterschiedlicher Gesinnung im kontroversen Diskurs soziale, wirtschaftliche und politische Entwicklungen und Vorgänge in der Gesellschaft analysieren und zu positiver Gestaltung ihres Lebens und zum Aufbau gerechterer Strukturen in der Welt ermutigt werden.

Drittens: Verschwörungstheoretiker haben die Neigung, die Wirklichkeit so zu sehen, dass alles in der Welt aus einem bestimmten Grund geschieht. Sie sehen hinter den Dingen das Wirken allmächtiger Akteure, die verborgene Ziele haben – das erklärt ihnen den Lauf der Dinge. Hier müssen theologische Denkarbeit geleistet und Antworten gefunden werden auf die Frage nach Gut und Böse.

Aufgrund der medialen Verbreitung sind Verschwörungstheorien kein gesellschaftliches Randthema, daher gilt es gleichzeitig, Aufklärungs- und Präventionsarbeit zu leisten, insbesondere auch bei jungen Menschen, die als *digital natives* in höherem Maße dem Einfluss von Verschwörungstheorien ausgesetzt sind. Ich freue mich, wenn dieser Band zu all dem einen Beitrag leisten kann.

Amriswil, im September 2019

Ruth Pfister
Mitglied des Rates des Evangelischen Kirchenbunds

Verschwörungstheorien und Religion
Wissen – Glauben – Vertrauen

Christian Metzenthin

Phänomen Verschwörungstheorien

Verschwörungstheorien stellen gängige Erklärungsmodelle infrage. Indem sie behaupten, alles wäre ganz anders gewesen, stellen sie die allgemeine Weltsicht auf den Kopf und produzieren hierfür eine Unmenge an Texten und medialen Inhalten, denen oft eine gewisse Aufgeregtheit und mehr oder weniger Alarmismus eigen ist. Das rot eingefärbte Cover des vorliegenden Bands mit den auf den Kopf gestellten Textausschnitten nimmt diese Sicht von Verschwörungstheorien auf und bietet damit gleichzeitig einen ersten Zugang zum Phänomen.

Indes muss festgehalten werden, dass «Verschwörungstheorien» und «Verschwörungstheoretiker» wertende Begriffe sind, die stets einer sachlichen Begründung und einer kritischen Prüfung bedürfen: Schließlich ist nicht jeder, der einer Falschmeldung aufsitzt, auch gleich ein Verschwörungstheoretiker.

Gewisse Verschwörungstheorien erscheinen möglicherweise skurril, aber vergleichsweise harmlos, etwa wenn behauptet wird, die Epoche des Mittelalters habe es gar nie gegeben oder die Mondlandung habe in einem

Studio in Hollywood stattgefunden.[1] Andere Verschwörungstheorien wie etwa die nach dem Ersten Weltkrieg kolportierte Dolchstoßlegende oder aktuell die Behauptung, die Migration sei von dunklen Mächten gesteuert, um Europa gezielt zu schwächen, zeigen hingegen gefährliche Konsequenzen.[2]

Bei der jihadistischen Radikalisierung beispielsweise spielen Verschwörungstheorien eine maßgebliche Rolle. Miryam Eser, Mitautorin eines Forschungsberichts zur jihadistischen Radikalisierung in der Schweiz, bezeichnet Verschwörungstheorien in diesem Zusammenhang als «Trigger».[3] Der Sektenexperte Hugo Stamm hat diesbezüglich verschiedentlich auf die Parallelen von Verschwörungstheoretikern und sektiererischen Gruppen hingewiesen.[4] Radikale Religiosität und Verschwörungstheorien gehen demnach gut zusammen. Lässt sich daraus schließen, dass Religionen generell für Verschwörungstheorien anfällig sind? Oder anders gefragt, welche Gemeinsamkeiten und Verbindungen bestehen zwischen Verschwörungstheorien und Religion?

---

[1] Letztere steht im Zusammenhang mit der «Theorie» der flachen Erde: Vgl. Rolf Nowotny (2018), *Die Flachwelt Theorie*, in: Skeptiker 1/18, S. 4–8, sowie den Praxis-Beitrag S. 115 in diesem Band.
[2] Zur «Großen Umvolkung» vgl. Anna Jikhareva (2019), *Christchurch ist kein Einzelfall,* WOZ vom 21.3.: www.woz.ch/-9734.
[3] Vgl. ihren Beitrag, S. 19ff in diesem Band.
[4] Siehe aktuell dazu: Roger Schawinski (2018), *Verschwörung! Die Fanatische Jagd nach dem Bösen in der Welt,* Zürich: NZZ-Libro, S. 143–149.

Verschwörungstheorien und Religion

Sind Verschwörungstheorien eine Art Ersatzreligion?

Verschwörungstheoretiker bedienen sich zwar eines wissenschaftlichen Jargons, mit rationalen Argumenten allein lassen sie sich jedoch von ihrem Verschwörungsglauben kaum abbringen. Ihre neue Weltsicht gibt ihnen Halt und Sicherheit und liefert Klarheit in einer komplex gewordenen Welt. Verschwörungstheorien sind attraktiv, weil sie ihren Anhängern das Gefühl geben, aufgewacht zu sein, zu verstehen und endlich etwas tun zu können. Dies erklärt, warum Verschwörungsgläubige ihre «Theorien»[5] mit großem missionarischem Eifer verbreiten und verteidigen: Die Argumentation wird für sie rasch zur Frage des Glaubens und des Vertrauens. Von Verschwörungs-*Glauben* soll demnach dann die Rede sein, wenn das Verschwörungsnarrativ zur bestimmenden Weltsicht wird, verbunden mit einer Grundhaltung des Misstrauens gegenüber etablierten Medien und Wissenschaft.[6]

Verschwörungstheorien liefern eine (vermeintliche) Erklärung in einer zunehmend komplex gewordenen Welt. Doch gerade diese *Welterklärung* und *Komplexitätsreduktion*[7] sowie die damit verbundene *Orientierungsleistung* sind auch Funktionen der Religion.

---

[5] Verschwörungstheorien sind keine Theorien im wissenschaftlichen Sinne, zumeist handelt es sich um bloße Hypothesen. Ihr Ziel ist die Lebensbewältigung in einer komplex gewordenen Gegenwart mittels einfacher Erklärungen. Wissenschaftstheoretisch lassen sich Verschwörungen zwar möglicherweise bestätigen, nicht aber widerlegen, da eine Nicht-Existenz *nie* bewiesen werden kann, vgl. Schawinski (2018), S. 22–24.
[6] Vgl. den Beitrag von Matthias Pöhlmann, S. 81 in diesem Band.
[7] Zum Begriff: Niklas Luhmann (1982), *Funktion der Religion*, Frankfurt a. M.: Suhrkamp, S. 26.

«Überall steht der Mensch vor der Aufgabe, seine Welt, die offen und nicht festgelegt ist, zu ordnen und zu kontrollieren; überall ist er mit Mächten konfrontiert, die sich dieser Kontrolle entziehen [...]. Es geht darum, dem Bereich des Unkontrollierbaren eine Form zu geben, mit der sich umgehen lässt. Dabei wird einerseits Unkontrollierbares in die Kontrolle übergeführt, andererseits aber doch wieder belassen; Religion leistet also eine gleichzeitige Darstellung der unkontrollierbaren lebensbestimmenden Mächte und der kontrollierbaren Lebensordnung, die darin gründet. Dadurch ergibt sich eine grundlegende und umfassende Orientierung des Menschen – eine Orientierung, derer er als ‹Mängelwesen› bedarf.»[8]

Der Mensch ist im Vergleich zum Tier eine physiologische Frühgeburt[9] und verfügt über eine geringere instinktive Absicherung seines Verhaltens und über eine geringere Anpassung an seine natürliche Umwelt. Soziologisch bezeichnet man den Menschen daher als «biologisches Mängelwesen»: Während das Tier aufgrund seiner Instinkte auf eine bestimmte Umweltsituation reagiert, kann und muss der Mensch sich entscheiden, wie er handeln soll. Religiöse und kulturelle Traditionen grenzen die unübersehbare Anzahl an Handlungsmöglichkeiten ein: Durch diese Reduktion von Komplexität mittels Welterklärung, Sinnstiftung und Orientierung vermitteln sie dem Menschen Sicherheit im Dasein.[10]

---

[8] Fritz Stolz (2001), *Grundzüge der Religionswissenschaft*, Göttingen: Vandenhoeck & Ruprecht, S. 32–33.
[9] Vgl. dazu den Beitrag von Dieter Sträuli, S. 64 in diesem Band.
[10] Vgl. Rolf Eickelpasch (1999), *Grundwissen Soziologie*, Stuttgart: E. Klett, 19–21.

Michael Butter weist darauf hin, dass die politische Komplexitätsreduktion der Verschwörungstheorien gleichzeitig mit einer semiotischen Komplexitäts*produktion* einhergeht.[11] Wenn die vielschichtige und widersprüchliche Wirklichkeit in einen einfachen Konflikt zwischen Gut und Böse aufgelöst und alle relevanten Ereignisse auf eine kleine Gruppe von Verschwörern zurückgeführt werden sollen, muss die Verbindung zwischen den Ereignissen und den Verschwörern belegt werden. Dies ist auch der Grund, warum konspirative Texte häufig einen akademischen Duktus pflegen und mit dem Anspruch eines Enthüllungsjournalismus argumentieren.

Das Bedürfnis, die eigene Weltanschauung gegen außen zu verteidigen und gegen innen zu festigen, führt zu einer ungeheuren Produktion an Texten – mithin eine weitere Parallele zu Religion.

Neben der Orientierungsleistung durch Komplexitätsreduktion und der Welterklärung ist es der Umgang mit den Zufälligkeiten des Lebens und der Tatsache, dass die «lebensbestimmenden Mächte» unabsehbar und letztlich auch nicht kontrollierbar sind, der in der Religion Ausdruck findet.[12] In der Religionswissenschaft wird dies als *Kontingenzbewältigung* bezeichnet. Luhmann definiert Kontingenz wie folgt:

> «Kontingent ist etwas, was weder notwendig ist noch unmöglich ist; was also so, wie es ist (war, sein wird), sein kann, aber auch anders möglich ist. Der Begriff bezeichnet mithin Gegebenes (zu Erfahrendes, Erwartetes, Gedachtes,

---

[11] Siehe Michael Butter (2018), *«Nichts ist wie es scheint»*. Über Verschwörungstheorien, Berlin: Suhrkamp.
[12] Fritz Stolz (2001a), *Weltbilder der Religionen,* Zürich: Pano, 12.

Phantasiertes) im Hinblick auf mögliches Anderssein; er bezeichnet Gegenstände im Horizont möglicher Abwandlungen.»[13]

Kontingenzbewältigung ist der Umgang mit den Ungewissheiten des Lebens, die Religion hat hierbei eine zentrale Bedeutung, Verschwörungstheorien erfüllen diese Funktion aber offenbar ebenso.[14] Auch weitere Funktionen, die klassischerweise die Religion erfüllt, können von Verschwörungstheorien übernommen werden. Wie Religion ermöglichen auch Verschwörungstheorien *Gemeinschaftsbildung* und *Identitätsstiftung*, wenn beispielsweise die «Reichsbürger» sich als die wenigen «Aufgewachten» (d. h. solche, die die Verschwörung erkannt haben) und «wahren Deutschen» beschreiben.[15] Es ist allerdings eine Gemeinschaft Gleichgesinnter, in der andere Meinungen kaum mehr Gehör finden.[16]

Verschwörungstheorien bieten (wie die Religion) auch eine *Entlastungsfunktion*. Neben Komplexitätsreduktion und Kontingenzbewältigung kann m. E. hierfür auch die *Projektion* als eine Form der Entlastung angesehen werden. Mit seiner Projektionstheorie beschrieb Feuerbach

---

[13] Niklas Luhmann (1987), *Soziale Systeme. Grundriß einer allgemeinen Theorie*, Frankfurt a. M.: Suhrkamp, S. 152. Vgl. auch Ingo Mörth (2001), *Art. «Kontingenz. II Religionswissenschaftlich»*, in: RGG⁴ IV, Tübingen: Mohr Siebeck, S. 1646–1647.
[14] Siehe den Beitrag von Christian Ruch, S. 39ff in diesem Band.
[15] Vgl. Tobias Ginsburg (2018), *Reise ins Reich. Unter Reichsbürgern*, Berlin: Das Neue Berlin, S. 22, zitiert von Matthias Pöhlmann, *S 100 in diesem Band*.
[16] In diesem Zusammenhang wird von «Filterblasen» gesprochen; vgl. dazu den Beitrag von Christian Ruch, S. 45 in diesem Band.

die Übertragung menschlicher Wünsche nach Unsterblichkeit und Vollkommenheit auf ein göttliches Wesen.[17]

Die Entlastung sehe ich bei diesem Projektionsvorgang darin, dass der Mensch für sich selbst als unerfüllbar oder unmöglich angesehene Wünsche an die Gottheit delegiert. Bei Verschwörungstheorien sind es mehr die verdrängten Wünsche, die auf die Verschwörer übertragen werden. Diese werden als übermenschlich böse und gerissen beschrieben, manchmal wird ihnen gar Allmacht und Unfehlbarkeit nachgesagt, Eigenschaften, die sonst den Göttern vorbehalten sind.[18] Diese potenten Verschwörer würden sich nehmen, was Normalsterblichen verwehrt bleibt bzw. was man an sich selbst nicht wahrhaben will. Dieter Sträuli nennt diese Übertragung «das Phantasma des vollständigen Genießens» und greift dazu auf die Theorien von Freud und Lacan zurück.[19]

Verschwörungstheorien versprechen schließlich wie Religion *Erlösung*, nämlich Erlösung durch Erkenntnis. Diesbezüglich werden sie gerne mit der Gnosis, insbesondere dem Manichäismus, verglichen.[20]

Aufgrund all der genannten Parallelen kann somit argumentiert werden, dass Verschwörungstheorien für ihre Anhänger durchaus eine Art Religionsersatz darstellen können.

---

[17] Ludwig Feuerbach (1841), *Das Wesen des Christentums*, Leipzig: Wigand, S. 20ff.
[18] Vgl. Schawinski (2018), S. 25.
[19] Siehe den Beitrag von Dieter Sträuli, S. 70 in diesem Band.
[20] Vgl. den Beitrag von Matthias Pöhlmann, S. 96ff in diesem Band.

Verschwörungstheorien als Aberglaube

Den Vergleich zum religiösen Glauben hat bereits Karl Popper gezogen, auf den der Begriff «Verschwörungstheorien» zurückgeht. Für ihn sind diese eine säkularisierte Form religiösen Aberglaubens:[21]

> «Der Glaube an die homerischen Götter, deren Verschwörungen die Geschichte des Trojanischen Kriegs erklären, ist verschwunden. Die Götter sind abgeschafft. Aber ihre Stelle nehmen mächtige Männer oder Verbände ein – unheilvolle Machtgruppen, deren böse Absichten für alle Übel verantwortlich sind, unter denen wir leiden –, wie die Weisen vom Zion, die Kapitalisten, die Monopolisten oder die Imperialisten.»

In Poppers Argumentation treten Verschwörungstheorien an die Stelle von Religion und übernehmen deren Funktion, andererseits gehen Verschwörungstheorien, wie gesehen, auch gut mit (radikaler) Religiosität zusammen. Letztlich lässt sich mit Matthias Pöhlmann feststellen: «Verschwörungsglaube nimmt eine umfassende Welterklärung vor, er wird zur Weltanschauung, die *entweder an die Stelle von Religion* tritt bzw. deren Funktion übernimmt *oder aber sich innerhalb religiöser Systeme anlagern kann*».[22]

---

[21] Karl Popper (2003 [1945]), *Falsche Propheten. Hegel, Marx und die Folgen. Die offene Gesellschaft und ihre Feinde II*, (Hubert Kiesewetter [Hg.]/Paul K. Feyerabend [Übers.]), Tübingen: Mohr Siebeck, S. 112.

[22] Siehe den Beitrag von Matthias Pöhlmann, S. 104 in diesem Band; (Hervorhebungen ebd.).

Verschwörungstheorien und Religion

Psychologische, soziologische und theologische Perspektiven

Der vorliegende Band geht zurück auf die Tagung der Kommission *Neue Religiöse Bewegungen* des *Schweizerischen Evangelischen Kirchenbunds* (NRB/SEK) zum Thema Verschwörungstheorien am 9.11.2018 in Zürich. Die Beiträge gehen dem Thema aus verschiedenen Perspektiven nach: Miryam Eser Davolio, Dozentin am Institut *Vielfalt und gesellschaftliche Teilhabe* an der ZHAW, und der Historiker und Soziologe Christian Ruch betrachten Verschwörungstheorien aus soziologischer Perspektive: Miryam Eser befasst sich mit deren Rolle bei der jihadistischen Radikalisierung, Christian Ruch behandelt die Frage, weshalb Verschwörungstheorien so viele Menschen faszinieren. Dieter Sträuli, Vorstandsmitglied von *infoSekta* und des *Lacan Seminars Zürich*, geht mit seinem psychologischen Beitrag den Wurzeln von Verschwörungstheorien und Sektendynamik in der Ichstruktur nach und ergründet anhand der Theorien von Sigmund Freud und Jacques Lacan, warum wir unbewusst zum Glauben an Verschwörungstheorien neigen, während Matthias Pöhlmann als Beauftragter für Sekten- und Weltanschauungsfragen der *Evangelisch-Lutherischen Kirche in Bayern* von seiner Beratungsarbeit ausgehend theologisch dafür argumentiert, Verschwörungstheorien wie folgt zu verstehen: als Versuch der Bewältigung der Theodizee – ohne Gott.

Gerade die theologische Perspektive ist beim Thema Verschwörungstheorien noch wenig bedacht worden. Ihr kommt als abschließender reflexiver Beitrag im Band entsprechend Gewicht zu (bevor in einem Praxisbeitrag von Jasmin Schneider und mir noch Überlegungen zur Thematisierung von Fake News und Verschwörungstheorien in

Unterricht und Erwachsenenbildung folgen). Wenn Verschwörungsglaube mit Religion verglichen wird, sollte dies theologisch bedacht werden. Als rationales Nachdenken über Glauben könnten sich theologische Argumente gegenüber der verführerischen Kraft des Verschwörungsglaubens als hilfreich erweisen. Denn bei Verschwörungstheorien geht es offensichtlich nicht nur um die Frage, was wir wissen, sondern auch, wem wir glauben und worauf wir vertrauen können.

Verschwörungstheorien als Trigger jihadistischer Radikalisierung

Miryam Eser Davolio

Verschwörungstheorien stellen einen Versuch dar, einen Sachverhalt oder eine Entwicklung als Verschwörung einer «konspirativen» Gruppe mit illegitimem Zweck zu erklären respektive diese Gruppe anzuschwärzen.[1] Ähnlich wie Rassismus sind auch Verschwörungstheorien soziale Konstrukte, welche Differenz und Polarisierung befördern, zum Schaden der einen, zum Vorteil und zur Überhöhung der anderen. Durch die Konstruktion einer Verschwörung wird eine Gruppe als Feind festgelegt, die angeblich Macht ausüben wolle und so Unheil über die Menschheit bringe. Gleichzeitig wird behauptet, diese Gruppe oder Organisation agiere böswillig und im Verborgenen. Den Rezipienten der konstruierten Verschwörung wird vermittelt, dass es eine geheime Wahrheit zu entdecken gelte; dabei werden ihnen ständig weitere Indizien und Beweise vorgelegt, Zusammenhänge werden stark vereinfacht und Belege verdreht oder auch gefälscht, um so den Eindruck einer allumfassenden Verschwörung zu verdichten. Auf diese Weise wird den Rezipienten suggeriert, den «Schlüssel zur Wahrheit» gefunden zu haben. Ausgehend von der Annahme, alles sei miteinander ver-

---

[1] Siehe dazu Thomas Grüter (2006), *Freimaurer, Illuminaten und andere Verschwörer. Wie Verschwörungstheorien funktionieren*, Frankfurt a. M.: Fischer.

bunden, kann mithilfe dieses Schlüssels das ganze Weltgeschehen gedeutet und erklärt werden. So wird ein Weltbild geformt, welches nicht den Prinzipien der Aufklärung folgt: Pseudo-Belege, auch solche, die im Widerspruch zu rationalen Erkenntnissen stehen, dienen als Rechtfertigung. Gleichzeitig wird als Prämisse postuliert, dass, wer von einem Ereignis profitiere, es auch verursacht haben müsse.

Auf dieselbe Weise können auch eigentliche Verschwörungs*ideologien* mit politischer Sprengkraft entstehen und als Trigger Radikalisierungsprozesse befördern. Dabei werden Verschwörungstheorien mit Narrativen verbunden, wonach beispielsweise Muslime in westlichen Ländern diskriminiert und unterdrückt werden. So wird eine Opferideologie geschürt, welche zu Empörung und Auflehnung gegenüber der als feindlich wahrgenommenen westlichen Gesellschaft führt.[2] Dies alles fließt dann zusammen in ein umfassendes ideologisches Verschwörungs-Narrativ, welches z. B. die geopolitische Situation im Nahen Osten oder Machtverhältnisse in anderen Erdteilen unter dem Fokus der Unterdrückung der Muslime deutet und zu Gewalt anstachelt, was gerade über die Empörung und Ohnmachtsgefühle, welche Verschwörungstheorien auslösen können, zu einer hohen Emotionalisierung führen kann.

Verschwörungstheorien zeichnen sich in der Regel durch monokausale Schuldzuschreibungen aus und stellen damit Reduktionen komplexer geopolitischer und historisch verorteter Zusammenhänge dar. Dabei wird jegliche Relativierung oder Differenzierung abgewehrt und als

---

[2] Miryam Eser Davolio, & Daniele Lenzo, (2017), *Radikalisierung & Extremismus*, sichergsund, Kanton St. Gallen.

Feindeslist gebrandmarkt. Verschwörungstheorien eignen sich somit sehr gut für die Konstruktion von Feindbildern und zur Legitimation von Gewalt.

Ein weiteres Kennzeichen von Verschwörungstheorien stellt die virale Ausbreitung dar, sowohl was die Geschwindigkeit als auch deren Reichweite betrifft. Auch bizarre Verschwörungstheorien, welche einfach zu widerlegen sind, schaffen es oft, sich weit zu verbreiten, wie etwa die Kondensstreifen-Verschwörungstheorie (die USA mische dem Kerosin fruchtbarkeitshemmende Stoffe bei) oder die antisemitisch motivierten Lügengeschichten über den 11. September, wonach es beim Angriff auf das World Trade Center kaum oder keine jüdischen Opfer gegeben habe, da diese rechtzeitig gewarnt worden seien – Schuld am Terrorangriff und effektive Urheber seien die US-Regierung und die Israeli, mit dem Ziel, den Angriff auf den Irak zu legitimieren und seine Ölreserven an sich zu reißen.[3] Im Internet kursieren unzählige Videos, wie etwa der Film *Loose Change*, welche solche Theorien transportieren und den bereits über 10 Mio. Personen angeschaut haben. Fakt ist, dass 9.2 % der Opfer der Anschläge vom 9/11 jüdisch waren[4] und Al-Qaida und Osama Bin Laden sich mehrfach zu den Anschlägen bekannt haben.[5] Dennoch hat diese Verschwörungstheorie weite Kreise gezo-

---

[3] Alexander Meyer-Thoene (2018), *Verschwörungstheorien zu 9/11*, Bundeszentrale für politische Bildung (bpd) vom 6.6.: www.bpb.de/lernen/projekte/270411/verschwoerungstheorien-zu-9-11.

[4] Bei 119 Opfern wurde die jüdische Religionszugehörigkeit bestätigt und bei weiteren 72 Opfern angenommen. Siehe: BBC TWO (2007) *Conspiracy files*: news.bbc.co.uk/2/hi/programmes/conspiracy_files/6341851.stm.

[5] Meyer-Thoene (2018).

gen und insbesondere Musliminnen und Muslime weltweit zu überzeugen vermocht. Beweise, welche nicht in das Weltbild passen, wonach geheime Mächte hinter den Regierungen das Weltgeschehen lenken, werden von Anhängern solcher Verschwörungstheorien ignoriert – denn wenn sie sie nicht ignorierten, würden ihre Theorien und damit auch ihr Weltbild in sich zusammenfallen.

Schon während des Zweiten Weltkriegs fanden Verschwörungstheorien ähnliche Verbreitung, z. B. dass die US-Regierung Pearl Harbour absichtlich nicht verhindert habe, um sich bei der Bevölkerung den Rückhalt für den Kriegseintritt zu sichern.[6] Ein Ereignis, bei welchem sich viele fragen, wie so etwas passieren konnte, scheint gute Anknüpfungsmöglichkeiten für alternative Erklärungen zu bieten. Thomas Grüter hält fest, dass auch intelligente Menschen nicht vor Verschwörungstheorien gefeit seien und sich aus Vorurteilen und bruchstückhaften Informationen Verschwörungsweltbilder anfertigen würden.[7] Dabei darf auch nicht vergessen werden, dass es historisch belegte Verschwörungen gab, wie etwa den Völkermord der Hutu-Milizen an den Tutsi in Ruanda – doch gilt es zu bedenken, dass bei Verschwörungen mit vielen Beteiligten meist Informationen nach außen dringen und einzelne Beteiligte Fehler machen oder auspacken.[8]

Verschwörungstheorien entwickeln durch ihre Verbreitung eine Eigendynamik. Dadurch, dass sie von immer mehr Menschen geteilt werden, gewinnen sie an Glaubwürdigkeit, ganz nach dem Motto, dass so viele Personen nicht falsch liegen können. Mit zunehmender Verbreitung

---

[6] Meyer-Thoene (2018).
[7] Grüter (2006), S. 95–96.
[8] Ebd.

und Wiederholung brennen sie sich folglich ins Bewusstsein der Menschen ein und werden perpetuiert. Ihre Bekämpfung gestaltet sich nicht einfach, weil Aufklärung erst nachträglich erfolgen kann, wenn die Unwahrheiten bereits ihre Wirkung entfaltet haben, wie es das jüdische Sprichwort besagt: «Eine Lüge ist bereits dreimal um die Erde gelaufen, bevor sich die Wahrheit die Schuhe anzieht». Dieser Verbreitungsgeschwindigkeit hat das Internet als interaktives, rasantes Medium mit globaler Reichweite zusätzlich Vorschub geleistet – eine Dynamik, die bei der jihadistischen Radikalisierung eine wichtige Rolle spielt, da Neue Medien von der IS-Propaganda zur Verbreitung von jihadistischen Narrativen, Verschwörungstheorien usw. professionell bewirtschaftet wurden.[9] Ohne dieses mediale Franchising durch den IS wäre eine solch rasche, großflächige und tiefgreifende Radikalisierung und Mobilisierung breiter Bevölkerungsschichten wohl kaum möglich gewesen. Wie Verschwörungstheorien und jihadistische Radikalisierung zusammenwirken und zu Gewaltbereitschaft führen können, soll im folgenden Abschnitt erklärt werden.

---

[9] Dominik Müller, Dilyara Suleymanova & Miryam Eser Davolio (2018), *Dschihadismus online: Narrative Strategien, Herausforderungen für muslimische Organisationen und Stossrichtungen für Präventionsprojekte*, in: Sally Hohnstein & Maruta Herding (Hg.), *Digitale Medien und politisch-weltanschaulicher Extremismus im Jugendalter. Erkenntnisse aus Wissenschaft und Praxis*, Halle: DJI Arbeits- und Forschungsstelle Rechtsextremismus und Radikalisierungsprävention, S. 83–107. www.dji.de/fileadmin/user_upload/bibs2017/Digitale_Medien.AFS.Band.13.pdf.

Was verstehen wir unter jihadistischer Radikalisierung?

Das Wort «radikal» weist in Richtung «extremistisch» und steht in Opposition zu «moderat». Es bezeichnet eine relative Position auf einem Kontinuum organisierter Meinungen.[10] Nach Al-Lami müssen religiöser Fundamentalismus und Konservativismus inklusive Salafismus, die einen militanten Jihad ablehnen, von einer gewaltaffinen, militant-islamistischen Radikalisierung klar unterschieden werden.[11] Kundnani plädiert für einen Fokus auf den radikalen Jihadismus als politische Bewegung, was den Blick auch weniger auf das Individuum als auf Gruppen lenkt.[12]

Die Begriffe «Radikalisierung» und «Islamismus» werden oft unscharf verwendet. Nach der Radikalisierungsdefinition von Ongering[13] vertritt ein Individuum in seinem persönlichen Entwicklungsprozess ständig extremere politische oder politisch-religiöse Ideen und Ziele bis hin zur Überzeugung, dass das Erreichen dieser Ziele die Anwendung extremer Mittel rechtfertigt. Folglich entsteht ein Konflikt mit der Gesellschaft und dem Gesetz, welche gewaltbereite Extremismusformen sanktionieren.

---

[10] Mark Sedgwick (2010). *The Concept of Radicalization as a Source of Confusion*, in: *Terrorism and Political Violence*, 22:4, S. 479–494, S. 481.

[11] Mina Al-Lami (2009), Studies of Radicalisation: State of the Field Report, in: Politics and International Relations Working Paper Nr. 11.

[12] Arun Kundnani (2012), *Radicalisation: The Journey of a Concept*: Race & Class, 45, (2), S. 3–25.

[13] Lidewijde Ongering, (2007). *Home-Grown Terrorism and Radicalisation in the Netherlands: Experiences, explanations and approaches, testimony before the U. S. Senate homeland Security and Governmental Affairs Committee*: www.investigativeproject.org/documents/testimony/292.pdf.

Bei der jihadistischen Radikalisierung haben wir es mit einer Verknüpfung politisch-religiöser Ideologie mit der Legitimierung von Gewalt zu tun.[14] «Jihadismus» erscheint im Zusammenhang mit Begriffen wie radikal, radikalisierter Salafismus oder Fundamentalismus, Islamismus und Terrorismus, welche einer genaueren Bestimmung bedürfen.

Auf der anderen Seite gibt es aus dem rechten politischen Spektrum in westlichen Ländern ebenfalls ideologische Narrative, Thesen und insbesondere antimuslimische Verschwörungstheorien (wonach die muslimische Immigration Europa mit dem Ziel unterwandert, die abendländische Kultur von innen her zu vernichten).[15] Solche Thesen, welche auch historisch untermauert werden, schüren Ängste und generieren Wut und Ablehnung bei ihrem Zielpublikum. Durch die islamistisch motivierten Terrorakte der letzten Jahre in Europa hat sich das Misstrauen gegenüber dem Islam vielerorts akzentuiert und muslimische Minderheiten werden verbreitet als «suspect communities» wahrgenommen.[16] Die distanzierte, ablehnende oder gar islamophobe Haltung, die daraus resultiert, beeinflusst wiederum den Umgang mit der muslimischen Minderheit in Europa und kann Diskriminierung und Ausgrenzung fördern. Hier kann folglich eine Negativspirale sich gegenseitig verstärkender Abwehrhaltungen

---

[14] Lorenzo Vidino (2013), *Jihadistische Radikalisierung in der Schweiz*, Zürich: CSS.
[15] Ebner, Julia (2018). *Wut – was Islamisten und Rechtsextremisten mit uns machen*, Stuttgart: Konrad Theiss Verlag.
[16] Kundnani (2012), a.a.O.

entstehen, welche wiederum Verschwörungstheorien und einen «Clash of Civilisations»[17] anheizen.

Sind Heranwachsende besonders gefährdet für die Übernahme von Verschwörungstheorien?

Die Adoleszenz stellt eine biografische Übergangsphase dar. Ihre besondere Qualität liegt – nebst spezifischen entwicklungspsychologischen Voraussetzungen – darin, dass Jugendliche in Auseinandersetzung mit ihrer bisherigen (Familien-)Geschichte beginnen, eigene Lebensentwürfe zu entwickeln und sich eigenständig in Bezug auf berufliche, soziale und politische Kontexte zu positionieren. Gerade in Migrationsgesellschaften ist die Aushandlung sozialer Zugehörigkeiten – zu denen auch nationalstaatlich gefasste Zugehörigkeit zu zählen ist – ein wesentlicher Aspekt der adoleszenten (Selbst-)Positionierung. Gleichzeitig stellt die Pubertät eine Phase erhöhter Anfälligkeit für extreme Positionen und Lebensstile dar – auch für Fehleinschätzungen, welche andere schädigen können.[18] Dies, weil kognitiv-kontrollierendes Denken und vorausschauendes Planen in dieser Entwicklungsphase noch weniger ausgebildet sind. Gleichzeitig ist die Risikobereitschaft erhöht, und das Gehirn reagiert besonders empfindlich auf soziale und emotionale Reize.[19] Die

---

[17] Huntington, Samuel P. (1996), *The Clash of Civilisations and Remaking of World Order*, New York: Simon & Schuster.

[18] Daniel H. Heinke & Mareike Persson (2015), *Zur Bedeutung jugendspezifischer Faktoren bei der Radikalisierung islamistischer Gewalttäter*, in: *Zeitschrift für Jugendkriminalrecht und Jugendhilfe (ZJJ)*, 1/2015, S. 48–53.

[19] Ebd., S. 49.

Krisenanfälligkeit sowie die Sinn- und Identitätssuche in der Adoleszenz wirken sich auch auf die religiöse und weltanschauliche Orientierung aus. Dazu kommt ein «Opening-Prozess», der durch Offenheit für Neues, Begeisterungsfähigkeit und die Suche nach stimmigen Erklärungen gekennzeichnet ist. All dies macht Jugendliche besonders empfänglich für neue Erklärungsansätze und somit auch für fehlgeleitete, manipulative Informationen und Verschwörungstheorien. Eine solche Empfänglichkeit kann noch verstärkt werden durch persönliche Krisensituationen, wie z. B. den Verlust einer nahestehenden Person, Probleme mit Alkohol oder Delinquenz.

Durch neue Kontakte zu Peers oder interaktive Angebote auf Social Media, welche das Bedürfnis nach Gemeinschaft und Rückhalt befriedigen, werden Hinwendungsprozesse zu radikalen Bewegungen zusätzlich befördert. Zudem führt die Übernahme von Verschwörungstheorien zu einer ordnenden und vereinfachenden Weltwahrnehmung und Sinnstiftung für die individuelle Lebensgestaltung. Gerade dies stellt ein besonderes Attraktivitätsmoment dar, angesichts der Komplexität sozialer und politischer Probleme sowie der Sinnfragen, auf die es keine unmittelbaren Antworten gibt –, was für Jugendliche überfordernd wirken kann.

Communities, welche auf Verschwörungstheorien oder -ideologien aufbauen, weisen oft ein holzschnittartiges Welt- und Menschenbild auf, welches die Welt in Gut und

Böse einteilt. Salafistische Gruppierungen zeigen diesbezüglich Merkmale klassischer Sekten.[20] So ist die Hinwendung zu solchen salafistischen Gruppierungen mit typischen Abgrenzungsprozessen verbunden, wie etwa mit der Schaffung alternativer Sinn- und Glaubenswelten, was zu Realitätsverlust und zur undifferenzierten Wahrnehmung anderer Meinungen führen kann.[21] Übertragen auf die Beurteilung internationaler Konflikte mündet das dichotomisierte Denken in eine Opferideologie, welche mit ausgeprägtem Antiamerikanismus sowie Antisemitismus (Israel/Palästina-Konflikt) verbunden ist.[22] Zudem werden ein Absolutheitsanspruch inklusive Erlösungs- und Heilversprechen mit Universalrezepten für sämtliche Lebensprobleme sowie irreale Machbarkeitsvorstellungen vermittelt. Gleichzeitig geht mit dem Gemeinschaftsgefühl ein Loyalitätszwang einher, indem Kritik in den eigenen Reihen rigoros unterdrückt wird

Als Folge einer solchen ideologischen Aufladung kann die jihadistische Motivation als Bedürfnis nach der Herstellung von Kohärenz zwischen Denken und Handeln entstehen.[23] In der Folge sehen sich solche radikalisierten

---

[20] Im Sinne voluntaristischer Gemeinschaften mit Missionierungsanspruch, vgl. Max Weber (1916), *Die Wirtschaftsethik der Weltreligionen, Hinduismus und Buddhismus*, in: Archiv für Sozialwissenschaften und Sozialpolitik, 41 (3), S. 613–744.

[21] Peter Waldmann (2011), *«Die Eskalationsschraube von Isolierung und Radikalisierung»*, in: Terrorismus: Provokation der Macht (3., akt. u. überarb. Aufl.), S. 230– 252, Hamburg: Murmann.

[22] Steinberg, Guido (2014). *Al-Qaidas deutsche Kämpfer. Die Globalisierung des islamistischen Terrorismus*, Hamburg: Edition Körber-Stiftung.

[23] Roland Eckert (2009), *Stufen der Radikalisierung und Exit-Optionen*, in: Policy – Politische Akademie, Nr. 34, S. 5–6.

jungen Menschen als Avantgarde einer religiösen Revolution mit strenger sozialer und moralischer Kontrolle;[24] sie folgen einer fundamentalistischen Auslegung des Islams, lehnen Pluralismus und jegliche gesellschaftliche und politische Modernisierung ab und streben eine Entwestlichung der Welt an.[25] Trotzdem wäre es verfehlt, im Fall der jihadistischen Radikalisierung diese fundamentalistische und gewaltaffine Ausrichtung des Islams auf sektiererische Splittergruppen zu reduzieren. Vielmehr gilt es, von einer vereinnahmenden religiös-politischen Bewegung zu sprechen, da ihr Gedankengut weit über die Grenzen der eigenen Gruppierung hinausreicht.

Welche Prozesse befördern die jihadistische Radikalisierung?

Bei der Hinwendung zur jihadistischen Radikalisierung spielen religiös und ideologisch aufgeladene Narrative und Argumentationen eine wesentliche Rolle. Die professionell aufgemachten Medien jihadistischer Organisationen transportieren angeblich gesichertes Wissen und Fakten. Fotos und Videos knüpfen gezielt an die Stilelemente der Jugendkultur an und werden dadurch für junge Menschen attraktiv. Gestützt durch aufwühlende Bilder von zerbombten Städten, sterbenden Kindern oder vergewaltigten Frauen werden wirksam Narrative verbreitet, wo-

---

[24] Abdel-Samad Hamed (2014), *Der islamische Faschismus. Eine Analyse*, München: Droemer Verlag.
[25] Peter Wichmann (2013), *Al-Qaida und der globale Djihad. Eine vergleichende Betrachtung des transnationalen Terrorismus*, Wiesbaden: VS Springer.

nach der Westen einen Vernichtungskrieg gegen den Islam führt, Muslime unterdrückt und demütigt. Gezielt werden dabei auch Verschwörungstheorien aufgenommen und der jihadistischen Ideologie dienlich gemacht.

Auf der einen Seite stehen idealistische und romantisierende Bilder und Vorstellungen des mutigen Kriegers, welcher sich gegen Ungerechtigkeit und die Gewalt autoritärer Regimes und fremder Besatzungsmächte auflehnt, auf der anderen Seite der Appell an die humanitäre Motivation (Hilfe für Unterdrückte, Kriegsopfer, Waisen usw.) sowie die Utopie der Schaffung eines Gottesstaates: Das «Kalifat», wo ein Leben nach den Regeln des Korans möglich sei. Solche Narrative und Verschwörungstheorien werden durch den IS über ein höchst ausgefeiltes Marketing an potenzielle Interessenten gebracht. Aufgrund eines Stabs von kompetenten Medienfachleuten zeichnet sich das Propagandamaterial des IS durch ein hohes Maß an Professionalität aus, sowohl in Bezug auf das Video- und Bildmaterial als auch auf die Druckmedien. Das Propagandamaterial des IS ist sehr ausdifferenziert. Unterschiedliche Formate richten sich mit ihren Botschaften an verschiedene Zielgruppen: Kampfvideos im Stil von Actionfilmen oder Computerspielen, Berichte vom Alltagsleben nach der Machart einer Dokusoap oder Berichte über die funktionierende Infrastruktur im Islamischen Staat, die in ihrer Gestaltung und der Erzählstruktur stark an Dokumentationen erinnern. Dabei wurden nicht nur Männer und potenzielle Kämpfer angesprochen – über spezifische Frauennarrative wurden gezielt auch junge Frauen motiviert, nach Syrien oder Irak auszureisen, indem ihnen das Leben dort in Blogs als attraktiv geschildert wurde. Kochrezepte wurden ausgetauscht oder Reisetipps (wie unerkannt reisen, was einpacken und mitnehmen). Das Propagandamaterial des IS versucht, die

Konsumentinnen und Konsumenten auf einer emotionalen Ebene anzusprechen, wozu verschiedene Stilmittel verwendet werden, wie etwa Bilder und Filme oder auch Gedichte und Nasheeds (religiöse Gesänge). Allerdings hat sowohl die Quantität als auch die Qualität der Propagandaaktivitäten seit 2016 deutlich abgenommen, vermutlich aufgrund der militärischen Niederlage und des Verlusts an Human- und Sachkapital. Trotzdem wäre es verfehlt, von einem Verschwinden jihadistischer Inhalte im Netz auszugehen – deren Produktion hat sich zwar etwas verlangsamt, aber die Ideen bewegen sich weiterhin im Netz und stoßen auf Anklang.

Wenn junge Menschen mit solchen Narrativen und Verschwörungstheorien in Berührung kommen und sich angesprochen fühlen, können nach Eckert folgende Stufen der Radikalisierung durchlaufen werden:[26]

1. Kulturelle Definition von Kollektiven (z. B. als Muslime, Sunniten oder Kämpfer).
2. Wahrgenommene Deprivation, Ungerechtigkeit – welche miteinander geteilt wird.
3. Eindeutigkeitsangebot kollektiver Identität.
4. Einfluss von Gewaltereignissen, Generalisierung des Konflikts und Solidarisierungsprozess.
5. Sinngebung durch dichotome Weltdeutung, Heilsversprechungen, Spaltung der Gruppe in Radikale und Gemäßigte.
6. Viktimisierung durch die Gegenseite (z. B. durch Terrorbekämpfung, Repression) und Solidarisierung des Kollektivs.
7. Verfestigung von Angst und Hass.

---

[26] Eckert (2009), S. 5.

Demnach werden Individuen zuerst so angesprochen, dass sie sich einem Kollektiv, z. B. der Muslime oder der «Gläubigen» zurechnen und sich demnach kulturell definieren, um in einem zweiten Schritt die Wahrnehmung von Benachteiligung und Diskriminierung zu verstärken. Diese Eindeutigkeitsangebote kollektiver Identität werden nun verinnerlicht und durch den Einfluss von Gewaltereignissen, Schuldzuweisungen und Verschwörungstheorien weiter verfestigt. So führen sie zu einem Abgrenzungsprozess, der durch eigene Opfererfahrungen noch weiter verstärkt werden kann, gleichzeitig entsteht ein Schwarz-Weiß-Weltbild, durch welches sich Angst und Hass weiter verstärken.[27]

Wirkt religiöse Bildung präventiv?

Gerade junge Menschen sind sich oft nicht bewusst, wie sie durch seriös wirkende Angebote im Internet Informationen und Narrative aufnehmen, welche Verschwörungstheorien transportieren, die via Handy weitergereicht, mit Freunden geteilt und so für die Jugendlichen zur Realität werden. Militante Prediger und selbsternannte Autoritäten streuen solche Narrative gezielt in den Sozialen Medien und beeinflussen bzw. manipulieren so geschickt junge Menschen. Hier greifen die Mechanismen der ideologischen Einbindung, der Manipulation der Emotionen und der sozialen Vereinnahmung ineinander.[28] Akteure, die mit jungen Menschen im Austausch stehen, Lehrpersonen, Jugendarbeitende, Lehrmeister,

---

[27] Vgl. ebd.
[28] Dounia Bouzar (2015), Ils cherchent le paradis, ils ont trouvé l'enfer, Paris: Editions de l'Atelier.

religiöse Betreuungspersonen sowie die Eltern, Freunde bzw. Peers sind gefordert, solche manipulativen Mechanismen zu durchschauen und über Strategien zu verfügen, um diese kontrastieren zu können. Viele der Jihadreisenden verfügen lediglich über religiöses Halbwissen und lassen sich deswegen einfach in die Irre leiten.[29] So haben sie Koransuren meist nicht zu interpretieren gelernt und können nicht erkennen, dass im Rahmen der IS-Propaganda nur gewisse Suren genannt und andere bewusst ausgeklammert werden. Die Extremismusforscherin Claudia Dantschke spricht in diesem Zusammenhang von religiösen Analphabeten, da sie den Islam in ihren Herkunftsfamilien lediglich als Tradition vermittelt bekommen haben.[30] Ein solcher Befund kann in der Forderung nach einer Stärkung religiösen Wissens münden, wie etwa in Form eines flächendeckenden muslimischen Religionsunterrichts an der Volksschule, wie dieser in verschiedenen deutschen Bundesländern und vereinzelt auch in der Schweiz (z. B. Kreuzlingen) angeboten wird. Hier geht es um eine präventive Wirkung durch mehr Islamkenntnis. Doch hat sich in Deutschland gezeigt, dass ein integrierter Islamunterricht keine Immunisierung garantiert, fanden sich doch auch verschiedene junge Kriegsreisende, welche im Rahmen der öffentlichen Schulbildung in den Genuss eines solchen Religionsunter-

---

[29] Eser Davolio u. a. (2015), *Hintergründe jihadistischer Radikalisierung in der Schweiz. Eine explorative Studie mit Empfehlungen für Prävention und Intervention*, Zürich: ZHAW. (Online beziehbar auf www.zhaw.ch).

[30] Claudia Dantschke (2015), *Radikalisierung von Jugendlichen durch salafistische Strömungen in Deutschland*, in: *Zeitschrift für Jugendkriminalrecht und Jugendhilfe (ZJJ)*, 1/2015, S. 43–47.

richts von zwei Wochenstunden über acht Jahre im Rahmen der öffentlichen Schulbildung gekommen waren.[31] Zudem haben die im Rahmen der Studie geführten Interviews mit säkularisierten Muslimen gezeigt, dass solche Angebote auch dahingehend kritisiert werden, dass Staat und Religion klar getrennt bleiben sollen und die Propagierung religiös-konservativer Gesellschaftsbilder keinesfalls weitere Verbreitung in westlichen Gesellschaften finden sollte.[32] Folglich müsste religiöse Bildung zwingend mit Instrumenten aufgeklärt-kritischen Denkens gekoppelt sein und sollte keine vorgefertigten religiösen Wahrheiten transportieren. Hier würde sich ein bekenntnisunabhängiger Religionsunterricht (wie etwa das Fach «Religionen, Kulturen, Ethik» im Kanton Zürich) anbieten, welcher Jugendlichen durch das Nachdenken über verschiedene Religionen zu einer reflexiven Distanz auf einer Meta-Ebene verhelfen könnte.

Aus den Gesprächen mit muslimischen Jugendlichen (N=12), welche im Rahmen der Studie[33] geführt wurden, geht hervor, dass der Einstieg in die Religion ein besonders heikler Zeitpunkt ist, um auf falsche Spuren zu geraten. Bei vielen war der Identitäts- und Generationenkonflikt wie auch die Suche nach dem Sinn des Lebens ein Faktor für das Interesse an der Religion. Für Konvertiten oder «Neulinge» in der Religion ist der Zugang zu verlässlichen Quellen islamischer Lehren erschwert, zumal nicht alle hierfür den Weg über die lokalen Moscheen gehen. Junge, Neupraktizierende wie auch Konvertiten können mit den Moscheen, die ethnisch organisiert sind und wo

---

[31] Lamya Kaddor (2015), *Zum Töten bereit. Warum deutsche Jugendliche in den Dschihad ziehen*, München: Pieper.
[32] Eser Davolio u. a. (2015), vgl. hierzu auch Hamed (2014).
[33] Eser Davolio u. a. (2015).

meist in der Herkunftssprache der ersten Generation gesprochen wird, nicht viel anfangen. Von den interviewten Jugendlichen waren etwa ein Drittel Konvertiten und für sie war der IZRS (Islamischer Zentralrat Schweiz) primäre Anlaufstelle – auch aufgrund der besseren deutsch- und französischsprachigen Angebote. Eine weitere wichtige Informationsquelle stellt für diese Jugendlichen das Internet dar, da Informationen zu verschiedenen Aspekten des Glaubens hier schnell und leicht zugänglich sind, vor allem auch auf Deutsch und oft in einer multimedialen Form (Videos, Vorträge). Die meisten interviewten Jugendlichen schätzen das Internet kritisch oder sogar als gefährlich ein, da man Internetinhalte mit fehlendem Wissen und Verständnis für das einzig «Richtige» halten könne.

> «Ich habe am Anfang einen Fehler gemacht, weil man sehr schnell auf falsche Spuren kommt. Ich habe auf YouTube Videos von ‹Hasspredigern› angeschaut ... Bis ich mit den anderen in der Jugendgruppe diskutiert habe über diese Videos. Die älteren haben gemeint, solche Prediger solltest du nicht anschauen ....» (Junge Frau, 20).[34]

Auch die Luzerner Studie zur religiösen Wissens- und Identitätsbildung muslimischer Jugendlicher zeigt, dass die befragten Jugendlichen religiöse Prediger, sogenannte «Cybermuftis» und Internetangebote durchaus kritisch wahrnehmen.[35] Auf der Suche nach Wissen und Informationen spielen unabhängige Jugendorganisationen oder Jugendgruppen in den Moscheen eine große Rolle. Sie

---

[34] Eser Davolio u. a. (2015).
[35] Martin Baumann u. a. (2017), *«Hallo, hier geht es um meine Religion.» Muslimische Jugendliche in der Schweiz auf der Suche nach ihrer Identität*, Forschungsbericht, Luzern: Zentrum für Religionsforschung.

können Jugendliche auf diesem Weg auffangen, ihnen die nötigen Informationen und das nötige Wissen übermitteln, ein Korrektiv gegenüber salafistischer Propaganda bilden und zugleich Gemeinschaftserlebnisse anbieten.[36] In Bezug auf das Internet haben einige Jugendliche berichtet, dass sie nach der Diskussion in der Jugendgruppe oder Jugendorganisation die Internetprediger und -inhalte mit größerer Vorsicht angeschaut hätten, was von kritischer Auseinandersetzung zeugt. Auch die Imame versuchen bei der Freitagspredigt oder im Rahmen des Unterrichts, auf gefährliche Inhalte aufmerksam zu machen und sie im Umgang mit diversen Quellen zu sensibilisieren, da sie immer wieder feststellen, dass vor allem Junge sich religiöses Wissen über YouTube und Facebook aneignen.

Die Heterogenität innerhalb der muslimischen Organisationen und Dachverbände macht es für staatliche Akteure und Institutionen nicht einfach, Ansprechpartner zu finden, welche für die Mehrheit der Muslime in der Schweiz sprechen können. Deshalb müssten die Bemühungen im innermuslimischen Dialog für den gemeinsamen Austausch unterstützt werden. Zudem gilt es, auf gesellschaftlicher Ebene die klare Unterscheidung von religiöser Praktik, konservativer Werthaltung und Fundamentalismus sowie Radikalismus zu fördern, ebenso wie die

---

[36] Miryam Eser Davolio & Elisa Banfi (2019), *Swiss Islamic organisations and the challenge of radicalisation*, in: Elisa Banfi & Matteo Gianni (Ed.), *Islamic organisations in Switzerland. Actors, network and deliberate activities*. Zürich: Seismo. (in Vorbereitung); Samuel Beloul (2017), «*Nur wegen Religion würde niemand kommen!» Muslimische Jugendgruppen in der Schweiz und ihre Aktivitäten*, in: *Informationsblatt 1–2*, Rüti: Evangelische Informationsstelle Kirchen – Sekten – Religionen (Relinfo), S. 13–22.

Aufklärung und Sensibilisierung bezüglich Islamophobie und Islamfeindlichkeit – und auf beiden Seiten nicht zuletzt auch gegen Verschwörungstheorien anzukämpfen.

Traue niemandem!
Was fasziniert an Verschwörungstheorien?

Christian Ruch

«Bloß weil du nicht paranoid bist,
heißt das noch lange nicht, dass sie
nicht hinter dir her sind.»
Robert Anton Wilson

Der folgende Beitrag wagt eine Antwort auf die Frage, was Verschwörungstheorien sind und warum sie viele Menschen faszinieren. Denn dass dem so ist, ist *keine* Frage. Mittlerweile ist der Dschungel der Verschwörungstheorien völlig undurchdringlich, in ihm wuchern Klassiker wie der Mythos um die Verschwörung der ominösen Illuminaten oder die Behauptung, dass die Mondlandung nie stattgefunden hat, sondern in einem Filmstudio simuliert wurde, bis hin zu Verschwörungstheorien wie etwa rund um die Terroranschläge am 11. September 2001 und relativ neuen Phänomenen wie etwa dem Chemtrail-Mythos oder der Behauptung, dass die Bundesrepublik Deutschland kein Staat, sondern eine Firma sei. Wie lassen sich solche Verschwörungstheorien und ihr derzeitiger Boom erklären?

Eine kleine Soziologie der Verschwörungstheorie

Zunächst einmal ist zu sagen, dass Verschwörungstheorien kein Phänomen sind, das erst unsere Zeit hervorgebracht hat – neu ist allenfalls die Verbreitungsgeschwindigkeit, die sich dank der neuen Medien, allen voran dem Internet, enorm erhöht hat. Zu den verheerendsten Verschwörungstheorien, die sich geschichtlich fassen lassen, zählt etwa die Unterstellung, die Juden hätten die Brunnen vergiftet und seien deshalb für die Pest verantwortlich, die Europa im 14. Jahrhundert heimsuchte. Auch der Hexenwahn der frühen Neuzeit ist das Resultat von – wenn auch meistens lokal begrenzten – Verschwörungstheorien. Sie sind Symptome von Unsicherheit und Angst, treten also vor allem in Krisenzeiten auf. Die Legende von den jüdischen Brunnenvergiftern war eine Reaktion auf das grauenvolle Massensterben durch die Pest, der mit dem damaligen Wissen medizinisch nicht beizukommen war, der Hexenwahn eine Reaktion auf die Klimaverschlechterung, die in Mitteleuropa zu drastischen Ernteausfällen führte. Zu erwähnen ist in diesem Zusammenhang auch der bis vor einigen Jahren in vielen Teilen Afrikas grassierende Hexenwahn, der auf die katastrophalen HIV-Infektionsraten zurückzuführen ist.

Nun könnte man meinen, dass mit dem Zuwachs an Wissen eigentlich ein Kraut gegen Verschwörungstheorien gewachsen sein müsste. Doch die Erfahrung lehrt, dass dem nicht so ist. Im Gegenteil: Wir erleben momentan eine erschreckende Hochkonjunktur für Verschwörungstheorien, wobei Legenden durch die Welt geistern, die vor einigen Jahrzehnten noch völlig unbekannt waren, mittlerweile aber schnell Verbreitung finden. So etwa die bereits erwähnte Theorie der sogenannten «Chemtrails», also die Unterstellung, dass die Kondensstreifen der Flugzeuge heute anders aussähen als früher, weil sie mit Chemikalien angereichert seien, die zum Zwecke der Bevölkerungsreduktion, aus militärischen oder anderen Gründen beigemischt würden. Diese Verschwörungstheorie tauchte erst Mitte der neunziger Jahre auf.[1] Einem weiteren Verschwörungstheoriekomplex huldigen die sogenannten «Reichsbürger», die, wie ebenfalls bereits erwähnt, behaupten, dass die Bundesrepublik Deutschland kein rechtmäßiger Staat oder sogar nur eine Firma sei.[2] In diesem Punkt bestehen zahlreiche Berührungspunkte zur *One People's Public Trust-Bewegung* (OPPT), die ebenfalls behauptet, dass Staaten lediglich Firmen seien.[3] Dass dahinter weit mehr als eine skurrile Spinnerei, nämlich oft eine rechtsextreme Gesinnung und Gewaltbereitschaft stecken, verdeutlichte nicht zuletzt die Schießerei mit einem «Reichsbürger» in Franken, bei der im Oktober 2016 ein Polizist ums Leben kam. Sowohl die «Reichsbürger»- als auch die OPPT-Bewegung sind Phänomene, die erst in den letzten Jahren stark an Bedeutung gewonnen haben.

Woher kommt das? Warum glauben Menschen, Deutschland sei nur eine Firma oder sie würden durch Chemikalien aus Flugzeugen vergiftet? Aus soziologischer

---

[1] Siehe dazu Tobias Hürter (2014), Alles Böse kommt von oben, DIE ZEIT, Nr. 48, online unter www.zeit.de/2014/48/veschwoerung-chemtrails-flugzeug-kondensstreifen- chemikalien.

[2] Siehe dazu Kai Funkschmidt (2016), *Reichsbürgerbewegung*, Online-Lexikon der Ev. Zentralstelle für Weltanschauungsfragen, ezw-berlin.de/html/3_8298.php.

[3] Siehe dazu Johannes Sinabell (2015), *One People's Public Trust – OPPT*, in: Meinrad Föger u. a., *Verschwörungstheorien*, in: *Weltanschauungen – Texte zur religiösen Vielfalt*, Nr. 106, hg. v. Referat für Weltanschauungsfragen der Erzdiözese, Wien, 69–86.

Sicht lässt sich feststellen, dass der Preis für das Mehr an Wissen und technologischem Fortschritt eine zunehmend komplexe Gesellschaft ist, deren Prozesse man immer weniger versteht. Dies schon deshalb, weil die in hochentwickelten Gesellschaftssystemen ablaufenden Prozesse nicht mehr auf die Intention einzelner Akteure zurückgeführt werden können. Machen wir ein Beispiel: Wer war beispielsweise schuld an der Bankenkrise? Waren es unverantwortliche Manager, gierige Börsianer, «der» Kapitalismus oder am Ende gar: wir alle? Die Suche nach «den» Schuldigen dürfte schnell ins Leere laufen, denn ein soziales System wird nicht durch individuelles Handeln bestimmt, sondern funktioniert *autopoietisch*. Das heißt, dass nicht Menschen das System steuern, sondern das System sich selbst, vergleichbar einem biologischen Wesen (der Begriff «autopoietisch» stammt denn auch aus der Biologie).[4]

Diese Sichtweise ist ebenso schwer verständlich wie schwer erträglich. Denn in einem System, an dem Menschen beteiligt sind, muss es doch, so meint zumindest der sogenannte gesunde Menschenverstand, klar und eindeutig benenn- und identifizierbare Verantwortliche für das geben, was gerade geschieht! Doch dem ist in komplexen Gesellschaften eben nicht mehr so. Und genau an diesem Punkt setzen Verschwörungstheorien an, indem sie sozusagen ein soziologisches Manko zu beheben vorgeben. Dieses Manko besteht darin, dass die Soziologie zwar beschreiben kann, *was* geschieht, aber nicht zu sagen vermag, *wer* handelt, eben weil die Systeme im

---

[4] Ich folge hier, wie man sieht, der Systemtheorie von Niklas Luhmann. Siehe dazu z. B. Niklas Luhmann (1987), *Soziale Systeme. Grundriß einer allgemeinen Theorie*, Frankfurt a. M.: Suhrkamp, 60ff.

Sinne der Autopoiesis sich selbst steuern. Verschwörungstheorien funktionieren also in erster Linie als Erklärungsversuche, indem ein schwer verständliches, undurchschaubares Geschehen dadurch verständlich gemacht werden soll, dass man Schuldige ausfindig macht und sie benennt – im erwähnten Fall der Bankenkrise z. B. die Manager der Finanzinstitute oder irgendwelche Hedge-Fund-Jongleure.

Soziologisch gesprochen könnte man Verschwörungstheorien also als ein Verfahren zur Komplexitätsreduktion bezeichnen oder anders gesagt: Man redet sich die eigentlich sehr komplizierten Verhältnisse einfach, indem man sich einen Sündenbock sucht. Um ein weiteres Beispiel zu nennen: Nicht mehr mein komplizierter Alltag, bestehend aus Eheschwierigkeiten, Problemen mit den Kindern, Stress im Büro und Rückenschmerzen ist schuld an meinem permanenten Unwohlsein, sondern die Chemtrails am Himmel. Oder die vermeintliche Tatsache, dass die Mächtigen dieser Welt in Wahrheit keine Menschen, sondern außerirdische Reptiloide sind. Der Chemtrail-Wahn, derzeit eine besonders beliebte Verschwörungstheorie, ist also so etwas wie ein homöopathisch verdünnter Hexenwahn, nur sind an die Stellen von Hexen Regierungen mit durch und durch finsteren Absichten getreten. Komplexitätsreduktion hat dabei auch die Funktion einer persönlichen Entlastung: Nicht ich bin für meine Probleme bzw. deren Lösung verantwortlich, sondern die «reptiloide» Angela Merkel, die Deutsche nicht nur tagtäglich durch Chemtrails vergiften lässt, sondern ihre ohnmächtigen Opfer als eine Art CEO der Firma «BRD GmbH» wie unmündige Sklaven hält. Wer bedenkt, wie sich die Deutschen aus der eigenen Verantwortung für die Katastrophe des Ersten Weltkriegs herausmogelten, indem sie «die Juden» für ihr Unglück verantwortlich machten, weiß, welche mörderische Dynamik ein solches Denken annehmen kann!

Die Lebensverhältnisse in der postmodernen Gesellschaft werden von den allermeisten Menschen jedoch nicht nur als undurchschaubar komplex, sondern sogar als permanent krisenhaft oder zumindest riskant erlebt (Stichwort Risikogesellschaft) – nichts ist heute mehr sicher, weder der Arbeitsplatz noch die Beziehung. Es kann daher nicht erstaunen, dass Verschwörungstheorien heute wie wild ins Kraut schießen, erst recht nach Ereignissen wie jenen am 11. September 2001, als die allgemeine Verunsicherung noch einmal immens gesteigert worden sein dürfte. Und das Aufkommen des Internet hat, wie bereits erwähnt, viel dazu beigetragen, die Verbreitungsgeschwindigkeit von Verschwörungstheorien immens zu erhöhen.

Hinzu kommt, dass Ereignisse von überregionaler Bedeutung fast nur via Medien wahrgenommen werden können, wobei die Fähigkeit, Wahrheit von Fiktion zu unterscheiden, tendenziell eher abnimmt. Dieses Phänomen lässt sich allerdings nicht erst heute beobachten, sondern trat schon in den 1980er-Jahren auf. Damals waren nicht wenige Leute davon überzeugt, dass die deutsche Fernsehserie «Schwarzwaldklinik» Geschichten eines real existierenden Krankenhauses mit einem real existierenden Prof. Brinkmann zeigte, und auch die US-Kultserie «Akte X» wurde von nicht wenigen für eine Art Dokumentation tatsächlich ungelöster FBI-Fälle gehalten. Die Unfähigkeit, Wahrheit von Fiktion zu trennen, macht misstrauisch, getreu dem Motto «Wer einmal lügt, dem glaubt man nicht ...», und so kann es eigentlich nicht erstaunen, dass viele Menschen – man denke etwa an die vor allem in Ostdeutschland aktive Protestbewegung Pegida – nicht mehr nur wie früher einzelne Produkte wie

Traue niemandem!

etwa die deutsche «Bild»-Zeitung, sondern mittlerweile die Medien generell unter Manipulationsverdacht stellen, Stichwort «Lügenpresse».

Diese Verachtung der etablierten Medien führt dann dazu, dass man sich «alternativen» Medien zuwendet und vorzugsweise mit Menschen kommuniziert, die ebenfalls diese «alternativen» Medien als Informationsquelle nutzen. Auf diese Weise entsteht eine operative Schließung, denn man kommuniziert nur noch mit seinesgleichen, so dass auch hier ein autopoietisches System entsteht, das sich laufend selbst reproduziert. In der Mediensoziologie spricht man mittlerweile vom Effekt der sogenannten «Echokammern» oder «Filterblasen». Alles, was nicht der eigenen Meinung und Grundüberzeugung entspricht, wird konsequent ausgeblendet und ignoriert. Begünstigt wird dieses Filtern durch die Algorithmen sozialer Medien wie etwa bei Facebook. Man bewegt sich nur noch in der Community Gleichgesinnter und bestätigt sich gegenseitig in seinen Meinungen, Urteilen und natürlich auch Vorurteilen. Der Spiegel-Redakteur Jan Fleischhauer begab sich in eine solche Echokammer, indem er sich unter Pseudonym auf einer Facebook-Seite von Anhängern der AfD anmeldete. Fleischhauer schreibt:

> «Es ist erstaunlich, wie sich die Wahrnehmung verdüstert, wenn Facebook einen als AfD-Sympathisanten identifiziert hat. Man tritt in eine Welt, in die selten ein Sonnenstrahl fällt. [...] Wer das länger mitmacht, muss unweigerlich zu dem Schluss gelangen, dass Deutschland vor die Hunde geht, wenn sich nicht bald etwas ändert. Und das Irrste ist: Nichts davon findet sich in den herkömmlichen Medien! Die meisten Menschen glauben, dass die Nachrichten, die sie über Facebook empfangen, Teil eines Facebook-Nachrich-

tendienstes seien. Was sie dort lesen, zeigt nach ihrer Überzeugung, wie es in Wirklichkeit zugeht, sobald man die Scheuklappen ablegt. Wenn man den Leuten sagt, dass ihr ‹Newsfeed› anders aussieht als der ihres Nachbarn und erst recht anders als der eines politischen Opponenten, sind sie überrascht. In Wahrheit richtet sich das Nachrichtenangebot nicht nach der Weltlage, sondern nach den Vorlieben und Abneigungen, die man durch die Likes zu erkennen gibt. Weil Facebook seine Nutzer möglichst lange auf der Seite halten will, sorgt das Unternehmen dafür, dass sie die Zeit dort angenehm verbringen, was heißt, dass es alles von ihnen fernzuhalten versucht, was als störend empfunden werden könnte. Singles bekommen keine Hochzeiten zu sehen, weil sie das daran erinnert, dass sie noch immer allein sind. Hundefreunde erfahren nichts über die Vorzüge eines Lebens mit Katzen. AfD-Wähler bleiben von allen Meldungen verschont, in denen Flüchtlinge eine positive Rolle spielen. Experten schreiben seit Langem, dass diese Form algorithmisch kuratierter Wirklichkeit die politische Meinungsbildung beeinflusst. In seinem ersten Fernsehinterview nach der Wahl hat Donald Trump jetzt gesagt, er verdanke seinen Sieg auch Facebook, Twitter und Instagram. Gegen die Macht der sozialen Medien habe Hillary Clinton keine Chance gehabt, trotz ihrer Überlegenheit beim Wahlkampfgeld. Es klang wie eine typische Trump-Übertreibung, aber es spricht viel dafür, dass er recht hat. [...] Die Wissenschaft nennt das ‹Echokammer› oder ‹Filterblase›, aber das beschreibt nur unzureichend, was wir gerade erleben. Tatsächlich ist es eine Selbstabschottung der politischen Milieus, deren Auswirkungen auf den demokratischen Prozess sich erst erahnen lassen. [...] Wo abweichende Meinungen ausgeblendet werden, gibt es auch keine Kontrolle mehr, ob das, was man für richtig hält, eine Verankerung in der Wirklichkeit hat. Es reicht völlig aus, dass etwas denkbar ist, damit es für wahr gehalten wird. Einer Auswertung von BuzzFeed zufolge waren 38 % der Artikel auf republikanisch gefärbten Facebook-Seiten irreführend oder falsch, bei demokratisch geprägten Seiten waren es 19 %. Dass viele Nachrichten, die in den Wahlkampfwochen unter die Facebook-Nutzer gebracht wurden, aus einer mazedonischen Kleinstadt namens Veles stammten, scheint nicht weiter aufgefallen zu sein. Und wenn es jemand bei Facebook aufgefallen sein sollte, hat es dort offenbar keinen gestört. Da niemand die Nachrichten, die in Umlauf gesetzt werden, auf ihren Wahrheitsgehalt überprüft, schießen die verrücktesten Theorien ins Kraut.»[5]

Das heißt: «Filterblasen» sind das ideale Gewächshaus für Verschwörungstheorien aller Art. Nun wäre es allerdings falsch zu glauben, dass nur in ihnen die Fähigkeit zur Unterscheidung Wahrheit/Lüge abhandengekommen ist. Tatsächlich ist es so, dass soziologisch bzw. systemtheoretisch gesprochen die Operationalisierbarkeit der Differenzen Wahrheit/Lüge, Wahrheit/Fiktion und Virtualität/Realität im Sozialsystem Gesellschaft generell nicht mehr bedingungslos gegeben ist. Woran liegt das? Sicherlich am technischen Fortschritt, der eine nie gekannte Virtualität zulässt, man denke beispielsweise nur an die digitalen Möglichkeiten zur Bearbeitung von Fotografien. Dem Menschen gelingt es heute, auf eine Weise schöpferisch tätig zu werden, die eine Unterscheidung zwischen «natürlich» und «künstlich» bzw. «real» und «virtuell» schwierig werden lässt oder sogar unmöglich macht. «Seit

---

[5] Jan Fleischhauer (2016), *In der Echokammer*, DER SPIEGEL, Nr. 47, www.spiegel.de/spiegel/afd-selbstversuch-auf-facebook-in-der-echokammer-a-1122311.html.

die neuen elektronischen Medien und Computertechnologien in die Lebenswelt eindringen, verändert sich unser Wirklichkeitsbegriff», schreibt der Medienästhetiker Norbert Bolz. «Historische Erfahrung lehrt, dass der Wirklichkeitsbegriff einer Lebenswelt immer dann problematisch wird, wenn sich der Bedeutungsgehalt seines symmetrischen Gegenbegriffs wandelt – also des Scheins. Heute stellen die Technologien der Simulation die traditionelle Differenz zwischen Realem und Imaginärem selbst infrage.»[6]

Man könnte sogar noch einen Schritt weiter gehen und sagen, dass dies durchaus gewollt und beabsichtigt sei, weil die elektronisch-digital generierte virtuelle Realität den Anspruch ihrer Designer erfüllen soll, möglichst realistisch, um nicht zu sagen täuschend echt auf den Benutzer zu wirken. Der Eisenbahnfan, der sich am heimischen PC stundenlang dem Spiel «Train Simulator» hingibt, erwartet ein so «echt», d. h. realistisch wirkendes Spieldesign, dass er sich tatsächlich in einem Führerstand des ICE von Frankfurt nach Hamburg wähnt. Der Betrug am User ist also durchaus gewollt – und damit stellt sich die Frage, ob die Leitdifferenz real/virtuell bzw. Wahrheit/Lüge im Sinne eines binären Codes, wie ihn die Systemtheorie zur Operationalisierung für eine Systemdefinition im Sinne einer Abgrenzung von System und Umwelt benutzt, überhaupt noch einen Sinn hat. Der geniale britische Mathematiker Alan Turing (1912–1954) dachte bereits in den 1950er-Jahren noch wesentlich weiter: Wäre es möglich, eine Maschine zu erschaffen, die in ihrer Intelligenz dem Menschen gleichwertig und damit von ihm nicht mehr zu unterscheiden wäre? Eine Idee, die

---

[6] Norbert Bolz (1991), *Eine kurze Geschichte des Scheins*, München: W. Fink, 7.

schon die Phantasie so mancher Science-Fiction-Autoren angeregt hat, im Grunde – im Falle ihrer heute gar nicht mehr so utopischen Realisierbarkeit – aber auch eine ungeheure Kränkung der Gattung Mensch darstellen würde.

Man könnte daher aus einer ethischen Perspektive natürlich auch argumentieren, dass angesichts des gewollten Betrugs und einer technischen Realisierbarkeit, wie sie Turing vorwegnahm, die Leitdifferenzen real/virtuell und Wahrheit/Lüge umso wichtiger sind. Das abendländische Unbehagen am (angeblichen) Betrug durch virtuelle Welten ist allerdings auch kulturell und religiös bedingt – die Warnung vor dem schädlichen, da in die Irre führenden Betrug durch falsche Götter und Propheten zieht sich wie ein roter Faden durch Judentum und Christentum, und so ließe sich der jüdische Monotheismus «als Kampf des Seins gegen den Schein» definieren: «Die Rede vom *einzigen* Gott hat einen scharfen polemischen Index gegen *diese* Welt und ihre Götter. In dieser [...] jüdisch-monotheistischen Realitätsverleugnung wird der Schein aber doch noch in seiner geschichtlichen Mächtigkeit anerkannt; erst der platonisch-christliche Diskurs wird ihn dann zum *bloßen* Schein herabsetzen», so Norbert Bolz[7] – vielleicht ist nicht zuletzt das ein Grund, warum sich gerade kirchliches Personal mit digital generierten virtuellen Welten – seien es nun Games oder Social Media wie facebook und Twitter – oft so schwertut. Im Buddhismus hat man dagegen offenbar ein etwas entspannteres Verhältnis zur Virtualität. Hier umfasst der Begriff des «maya» die Phänomene Schein und Schöpfung gleichermaßen. Das bedeutet, dass ohnehin die gesamte Wirklichkeit als traumgleich und illusionär angesehen wird.

---

[7] Ebd., 13, dies in Anlehnung an Hermann Cohen.

Wie sehr die Problematik des Scheins das abendländische Denken beschäftigt hat, zeigt die Philosophie Theodor W. Adornos, der gemeinsam mit Max Horkheimer in der berühmten «Dialektik der Aufklärung» in unnachahmlicher dialektischer Raffinesse schrieb: «Der Schein hat sich so konzentriert, dass ihn zu durchschauen objektiv den Charakter der Halluzination gewinnt.»[8] Als Kritiker von Kulturindustrie und Massenmedien hat Adorno mit dieser Aussage wohl vorweggenommen, dass die Unterscheidung zwischen «realer Realität» und virtueller Realität bzw. Fiktion einmal unmöglich werden könnte. Für Adornos Antipoden Niklas Luhmann kein Grund zur Besorgnis, denn dass «im Wahrnehmen selbst eine Unterscheidung von Illusion und Realität nicht mehr möglich ist», sei «nur eine zusätzliche Möglichkeit, nachzuweisen, dass das Gehirn als operativ geschlossenes System arbeitet».[9] Will sagen: Unter den Prämissen des Konstruktivismus ist die Frage, ob es «da draußen», also außerhalb dessen, was unser Gehirn an Sinneseindrücken produziert, überhaupt etwas Reales gibt, letztendlich nicht zu entscheiden.

Es gibt also keine «Wirklichkeit», die sich quasi «hinter» den digitalen Medien versteckt. Das wäre wohl eine angemessene Definition dessen, was wir «postfaktisch» zu nennen uns wohl angewöhnen müssen. Denn was wir an- und wahrnehmen, ist nie die «wirkliche» Wirklichkeit, sondern immer nur eine konstruierte. Wenn es richtig ist, dass das menschliche Auge zwei Gigabyte pro Sekunden

---

[8] Theodor W. Adorno & Max Horkheimer (1986), *Dialektik der Aufklärung*, in: Theodor W. Adorno, *Gesammelte Schriften*, Bd. 3, Frankfurt a. M.: Suhrkamp, 231.

[9] Niklas Luhmann (1997), *Die Gesellschaft der Gesellschaft*, Bd. 2, Frankfurt a. M.: Suhrkamp, 1147f.

passieren lässt, das Gehirn aber nur 40 bit pro Sekunde verarbeiten kann, bedeutet das, dass das Gehirn gigantische Datenmengen vernichten und auf ein adäquates Maß reduzieren muss.[10] Dies kann man allen Kritikern und Verächtern der «Virtual Reality» nicht groß genug ins Stammbuch schreiben! Um es einmal pointiert auszudrücken: Die Welt, wie sie mein Gehirn mir liefert, ist im Prinzip nicht weniger virtuell als die Welt eines Computerspiels. Für die Vertreter eines traditionellen (Niklas Luhmann hätte gesagt: «alt-europäischen») Humanismus ist dies natürlich ein unerträglicher Gedanke. Denn wenn dieser Befund stimmt, dann macht die Unterscheidung zwischen virtueller und realer Realität, zwischen Realität und Simulation und damit letztlich auch zwischen Schein und Sein keinen Sinn mehr. Die «Inszenierung der Wirklichkeit» ist also keine Erfindung der vermeintlich bösen Medien, sondern «setzt [...] schon auf der Ebene der Wahrnehmung ein».[11] Umgekehrt heißt dies aber auch, dass sich virtuelle Welten von den sogenannten «realen» gar nicht so besonders unterscheiden, und so hat sich die Aufregung um die virtuelle Parallelwelt des Computerpiels «Second Life» schnell gelegt, als klar wurde, dass es dort auch nicht viel anders zugeht wie im «richtigen» Leben.

Der Postmodernist Jean Baudrillard löste den Binarismus real/virtuell zugunsten einer «Hyperrealität» auf. «An ihr zerschellt das Realitätsprinzip, das ja bei allen Akten bloßen Fingierens noch in Kraft ist. In der Logik der Simulation lockert sich der Verdichtungsgrad von Realität

---

[10] Angaben nach Norbert Bolz (2001), *Weltkommunikation*, München: W. Fink, 145.
[11] Ebd.

so weit, dass sich als Grenzwert ein Verzicht auf Wirklichkeit überhaupt abzeichnet. [...] Die Hyperrealität der Simulation absorbiert das Reale und macht die Frage nach wahr und falsch, Wirklichkeit und Schein gegenstandslos», schreibt Norbert Bolz. Die Folgen sind dramatisch: «Geschichte entleert sich zum reinen Als Ob, zum Simulakrum. [...] Das Simulationsprinzip des Posthistoire hat das Realitätsprinzip der Neuzeit ersetzt.»[12] Wenn Geschichte jedoch nur noch als Simulation wahrgenommen wird und Simulation als Täuschungsabsicht denunziert wird, bereitet das den Boden für Verschwörungstheorien. Und so ist es kein Wunder, dass das Posthistoire als «Simulationsepoche» so reich an Verschwörungstheorien ist wie wohl keine Epoche zuvor. Denn die Verschwörungstheorie geht davon aus, dass die sichtbaren Herrschaftsstrukturen nicht den tatsächlichen entsprechen, konkret: Die demokratisch gewählten Institutionen simulieren nur Entscheidungskompetenz, da sie in Tat und Wahrheit nur Marionetten an den Fäden der tatsächlich Mächtigen sind, seien es nun Freimaurer, Illuminaten, Juden oder andere vermeintlich finstere Gruppierungen. Demokratie mutiert in dieser Weltsicht zur nutzlosen «Benutzeroberfläche» eines Spiels.

Zweierlei sollte man dabei nicht übersehen: Zum einen, dass die vermeintliche Fähigkeit und Notwendigkeit, zwischen Fakt und Fiktion zu trennen, so alt noch gar nicht ist, denn relevant ist sie eigentlich erst seit dem Auseinanderdriften von Fiktionalität/Roman – und Faktizität/Journalismus – im 18. Jahrhundert.[13] Zum andern, dass man m. E. den Anhängern von Verschwörungstheorien nicht

---

[12] Bolz (1991), 111.
[13] Siehe dazu ausführlicher Lennard J. Davis (1996), *Factual Fictions*, Philadelphia: Columbia University Press.

einfach ein irrationales Verhalten unterstellt – denn sie sind ganz im Gegenteil *hyperrational*: Es wird nämlich überall dort sinnhaftes Verhalten wahrgenommen, wo gar keins existiert. Verschwörungstheorien eliminieren den Zufall und das Chaos aus dem Weltgeschehen, *alles ist geplant*, nichts beruht mehr auf Zufall. Verschwörungstheoretiker suchen also einen Sinn, wo es möglicherweise keinen gibt, und zwar immer in der Weise, dass Ursachen und Wirkungsgefüge nicht nur a) sozusagen personalisiert werden, sondern dieser Person bzw. Gruppe b) auch eine böse Absicht unterstellt wird. Es ist also immer eine Thematisierung von «Schuld» mit Verschwörungstheorien verbunden – und so wird aus der grausamen Laune der Natur in Form eines Tsunami fast zwangsläufig eine Flutwelle, die durch unterirdische Atombombenversuche ausgelöst worden sein soll.

Man könnte es auch anders formulieren: Die Banalität des Zufalls wird durch das Hineinfantasieren einer geheimen Sinnhaftigkeit potenziert – und damit entpuppt sich die Liebe zur Verschwörungstheorie überraschenderweise als eine neue Form der Romantik. «Indem ich dem Gemeinen einen hohen Sinn, dem Gewöhnlichen ein geheimnisvolles Ansehen, dem Bekannten die Würde des Unbekannten, dem Endlichen einen unendlichen Schein gebe, so romantisiere ich es», so der Dichter Novalis, und gemäß Rüdiger Safranski ist dies «immer noch die beste Definition» von Romantik.[14] Vergessen wir nicht: «Die Romantik triumphiert über das Realitätsprinzip. [...] Der romantische Geist ist vielgestaltig, [...] versuchend und versucherisch, er liebt die Ferne der Zukunft und der Vergangenheit, die Überraschungen im Alltäglichen, die

---

[14] Rüdiger Safranski (2007), *Romantik. Eine deutsche Affäre*, München: Fischer, 13.

Extreme, das Unbewusste, den Traum, den Wahnsinn, die Labyrinthe der Reflexion. Der romantische Geist bleibt sich nicht gleich, ist verwandelnd und widersprüchlich, sehnsüchtig und zynisch, [...] ironisch und schwärmerisch, selbstverliebt und gesellig, formbewusst und formauflösend», so Rüdiger Safranski.[15] Im Grunde ist auch die Verschwörungstheorie nichts anderes als ein «Triumph über das Realitätsprinzip», gleichzeitig aber irrt sie durch «Labyrinthe der Reflexion», denn die Verschwörungstheorie kommt, indem sie stets Fiktion unterstellt und gleichzeitig Fiktion ist, nie zu einem Ende: Der Verschwörer hört nie auf, Verschwörer zu sein, alles spricht gegen ihn, nichts entlastet ihn – und deshalb ist es auch so mühsam, mit Verschwörungstheoretikern in einen vernünftigen Diskurs einzutreten.

Verschwörungstheorien machen durch die Annahme einer Absicht und die Leugnung des Zufalls nichts anderes, als Kontingenz zu negieren. Was ist damit gemeint? «Kontingenz» ist neben «Komplexität» der zweite Schlüsselbegriff der soziologischen Analyse unserer Gegenwart. Niklas Luhmann definierte Kontingenz als «etwas, was weder notwendig ist noch unmöglich ist; was also so, wie es ist (war, sein wird), sein kann, aber auch anders möglich ist. Der Begriff bezeichnet mithin Gegebenes (zu Erfahrendes, Erwartetes, Gedachtes, Phantasiertes) im Hinblick auf mögliches Anderssein; er bezeichnet Gegenstände im Horizont möglicher Abwandlungen.»[16] Um beim vorherigen Beispiel zu bleiben: Der verheerende Tsunami von 2004 in Südostasien war – zumindest nach unserem heutigen wissenschaftlichen Kenntnisstand –

---

[15] Ebd.
[16] Luhmann (1987), 152.

mit aller Wahrscheinlichkeit ein kontingentes Geschehen, indem es nicht (in welcher Form auch immer) «notwendig» bzw. zwangsläufig war. Zwar könnte man ein solches Geschehen letztendlich immer noch auf den Willen Gottes zurückführen, doch werden damit – zumindest theologisch – mehr Fragen gestellt als beantwortet, denn es ergibt sich zwangsläufig das Problem, warum ein vermeintlich liebevoller Gott so etwas macht oder zumindest zulässt.

Festzuhalten bleibt jedenfalls, dass auch Kontingenz schwer erträglich ist, und so strebt der Mensch nicht nur nach Komplexitäts-, sondern auch nach Kontingenzreduktion. Dies schon deshalb, weil das Leben von hoch kontingenten Faktoren mitbestimmt wird, die sich dem eigenen Einfluss entziehen und gerade deshalb so nur schwer akzeptiert werden können: Ob ich beispielsweise gesund bleibe, ist nur ganz begrenzt von mir und meinem eigenen Handeln beeinflussbar, denn es hängt von kontingenten Vorgängen in meinem Körper und im Falle einer Krankheit ebenso vom kontingenten Handeln der Ärzte ab, die ja bekanntlich auch einmal einen schlechten Tag haben können ...

Das probateste Mittel, die Kontingenz zu reduzieren, ist die Religion. Das unwägbare Schicksal des Lebens soll durch die Bindung an eine höhere Macht ein wenig von seinem Schrecken verlieren oder sogar – man denke an den Bereich des Okkultismus und der Magie – beeinfluss- und beherrschbar werden. Das gelingt natürlich nur zu einem ganz geringen Teil, d. h. alle Religiosität schützt nicht vor den Wechselfällen des Lebens (auch wenn in vielen religiösen Gruppierungen bisweilen das Gegenteil behauptet wird). «Die Religion», so Niklas Luhmann, «sichert heute weder gegen Inflation noch gegen einen unliebsamen Regierungswechsel, weder gegen das Fadwerden einer Liebschaft noch gegen wissenschaftliche Widerlegung der eigenen Theorien.»[17] Dem Christentum gelang es immerhin, durch die Vorstellung von einem personalen Gott die unbestimmte in eine bestimmbare Kontingenz zu transformieren. «Die Kontingenz und Selektiertheit der Welt selbst aus einer Vielzahl anderer Möglichkeiten wird akzeptierbar, weil in Gott zugleich die Garantie der Perfektion dieser Selektion liegt», schrieb Luhmann an anderer Stelle.[18] Man weiß nun also wenigstens, wen man für sein Unglück verantwortlich machen kann.

Dass damit neue Probleme auftauchen, liegt auf der Hand: Denn eine «Perfektion der Selektion» Gottes anzunehmen fällt schwer angesichts des mannigfachen und vor allem augenscheinlich ungerecht verteilten Leids und Leidens in der Welt. Dieses auch als Theodizee-Problem bekannte Dilemma beschäftigt das Christentum natürlich seit es besteht, erst recht aber seit den verheerenden Massenverbrechen des 20. Jahrhunderts: Wie kann ein angeblich liebevoller, gnädiger Gott Auschwitz zulassen? Wie einen Tsunami, der zigtausende Menschen in den Tod reißt? Verschwörungstheorien liefern eine scheinbar schlüssige Antwort: Gott ist vielleicht schon gut und gnädig, aber die bösen Illuminaten, Juden, Aliens usw. sind schuld am Leid und Elend in der Welt, sie sabotieren also sozusagen Gottes Heilspläne. Dies erklärt, warum auch Christen für Verschwörungstheorien anfällig werden können, wie sowohl im evangelikalen wie auch traditionalistisch-katholischen und orthodoxen Spektrum beobachtet werden kann. Gerade entschiedene Christen bekunden

---

[17] Zit. nach Walter Reese-Schäfer (1996), *Luhmann zur Einführung*, Hamburg: Junius, 147.
[18] Niklas Luhmann (1996), *Funktion der Religion*, Frankfurt a. M.: Suhrkamp, 131f.

große Mühe mit der Säkularisierung der Gesellschaft, ihrer Kontingenz und Komplexität, und damit zeigt sich, dass Verschwörungstheorien oft eine Art Hilfskonstrukt jener Menschen sind, die von den gesellschaftlichen Verhältnissen überfordert oder sogar überrollt werden. Es ist sicher kein Zufall, dass die verarmten Deutschen der Weimarer Republik den Verschwörungstheorien und Tiraden eines Adolf Hitler nur allzu gerne Gehör schenkten! Und wer wollte es einem Arbeitslosen, der nach 250 Bewerbungen immer noch keinen Job hat, verdenken, wenn er irgendwann anfängt, nach den Schuldigen für seine Misere zu suchen.

Zu fragen wäre in diesem Zusammenhang auch, ob Verschwörungstheorien als soziales System (d. h. als Kommunikation) nicht auch als Form einer Protestbewegung betrachtet werden können. Diese Frage stellt sich angesichts der Phänomene Pegida und AfD besonders drängend, gehen hier der Protest und die Lust an Verschwörungstheorien doch eine wohl nicht zufällige Symbiose ein. Verschwörungstheorien arbeiten ja – ähnlich wie klassische Protestbewegungen – mit Schuldzuweisungen, was, ausgesprochen oder nicht, ein «Sich-für-besser-Halten» impliziert.[19] «Das Schicksal der Gesellschaft – das sind die anderen»[20]. Folge und Voraussetzung dessen ist die fehlende Fähigkeit bzw. Bereitschaft, die «Selbstbeschreibung» der vermeintlichen Verschwörer zu berücksichtigen. «Man versucht nicht: zu verstehen.»[21] So wird etwa keine noch so seriöse Statistik zur quantitativen Irrelevanz von Muslimen in Ostdeutschland Pegida-Anhän-

---

[19] Ich folge hier den Gedanken von Niklas Luhmann (1997), 848.
[20] Ebd.
[21] Ebd., 855.

ger von ihrer Überzeugung abbringen, dass die «Islamisierung» des «Abendlands» gerade bei ihnen, vor der Haustür, eine reelle Gefahr ist, gegen die man auf die Straße gehen und sich zur Wehr setzen müsse. Aus Sicht des Verschwörungstheoretikers auch durchaus logisch, weil er ja *schon weiß*, mit wem er es zu tun hat – eben mit bösartigen Verschwörern.

Dass man, wie schon erwähnt, angesichts einer solch anschlussunfähigen, da autologischen Schließung nicht mehr diskutieren kann, versteht sich von selbst, zumal die Wände der «Echokammern» undurchdringbar sind. «Daher kann niemand auch wirklich verrückte Verschwörungstheorien widerlegen, denn sie alle haben eine seltsame Schleife in ihrer Konstruktion: Jeder Beweis *gegen* sie funktioniert nämlich gleichzeitig als Beweis *für* sie, wenn man die Dinge so sehen will. Daher überlebt die Pop-Dämonologie der Verschwörungstheorie jede Kritik, genau wie ihre Cousine, die Theologie», schrieb der amerikanische Verschwörungstheorie-Experte Robert Anton Wilson.[22] Zweifellos gibt es skurril-liebenswerte Verschwörungstheorien wie jene, dass Lady Diana sterben musste, weil sie Bill Clinton nicht heiraten wollte[23], oder dass es die Stadt Bielefeld in Wahrheit gar nicht gibt[24] –

---

[22] Robert Anton Wilson (2000), *Das Lexikon der Verschwörungstheorien, Verschwörungen, Intrigen, Geheimbünde*, Frankfurt a. M.: West End, 14.

[23] Siehe ebd., 121ff.

[24] Das ist nämlich Inhalt der Theorie von der sogenannten «Bielefeld-Verschwörung», einer satirischen Verschwörungstheorie: «Der Aufwand, mit dem die Täuschung der ganzen Welt betrieben wird, ist enorm. Die Medien, von denen ja bekannt ist, daß sie unter IHRER Kontrolle stehen, berichten tagaus, tagein von Bielefeld, als sei dies eine Stadt wie jede andere, um der Bevölkerung das Gefühl zu geben, hier sei alles ganz normal. Aber auch handfestere

doch der Hexenwahn und der Holocaust haben gezeigt, dass Verschwörungstheorien eine menschenverachtende Dynamik annehmen können. Bücher und Filme wie die von Dan Brown oder «Akte X» sind Unterhaltung, die auf raffinierte und spannende Weise die offenbar weit verbreitete Lust an der Verschwörungstheorie aufgreifen – doch wo die Fiktion mit der Realität verwechselt wird, ist Aufklärung geboten. Eine gute, solide Bildung ist deshalb immer noch das beste Gegenmittel, um Verschwörungstheorien den Zahn der Brisanz und des Spektakulären zu ziehen.

Doch nochmal: Argumentativ gegen Verschwörungstheorien anzukommen ist ein ziemlich schwieriges Unterfangen. Wahrscheinlich ist es am besten, sich auf Detaildiskussionen wie um die Frage, ob nun die beiden Türme des «World Trade Centers» einstürzen mussten oder nicht, gar nicht einzulassen. Viel erfolgversprechender kann es da schon sein zu fragen: «*Warum* glaubst Du, dass keine Juden am 11. September ums Leben gekommen sind?» Oder «*Warum* glaubst Du, dass noch nie ein

---

Beweise werden gefälscht: SIE kaufen hunderttausende von Autos, versehen sie mit gefälschten ‹BI-›Kennzeichen und lassen diese durch ganz Deutschland fahren. SIE stellen, wie bereits oben geschildert, entlang der Autobahnen große Schilder auf, auf denen Bielefeld erwähnt wird. SIE veröffentlichen Zeitungen, die angeblich in Bielefeld gedruckt werden. Anscheinend haben SIE auch die Deutsche Post AG in Ihrer Hand, denn auch im PLZB findet man einen Eintrag für Bielefeld; und ebenso wird bei der Telekom ein komplettes Ortsnetz für Bielefeld simuliert. Einige Leute behaupten sogar in Bielefeld studiert zu haben und können auch gut gefälschte Diplome u. ä. der angeblich existenten Uni Bielefeld vorweisen. Auch der ehemalige Bundeskanzler Gerhard Schröder behauptet, 1965 das ‹Westfalen-Kolleg› in Bielefeld besucht zu haben.» Zit. nach Achim Held (o. J.), *Die Bielefeld-Verschwörung*, online abrufbar unter http:// bv.bytos.de/.

Mensch auf dem Mond war?» Vielleicht ergibt sich daraus die Möglichkeit, über die Motivation für den Glauben an Verschwörungstheorien zu diskutieren. Denn dieser Glaube ist – wie ich hoffentlich überzeugend gezeigt habe – Ausdruck einer großen Unsicherheit in einer zunehmend komplexen und unübersichtlichen Sozialwelt, auch Ausdruck großer Ängste, die aber in vielen Fällen gar nicht bewusst wahrgenommen werden, sondern sich sozusagen getarnt als Verschwörungstheorien äußern. Das heißt auch: Nicht die Verschwörungstheorien als solche gilt es unbedingt ernst zu nehmen, sondern den Menschen, der sie glaubt. Denn wer Verschwörungstheorien glaubt, wird anfällig für simple Erklärungen, aber auch für die Benennung von Sündenböcken. Gerade die deutsche Geschichte ist ein ebenso beklemmendes wie geeignetes Beispiel dafür. So heißt es, wachsam gegenüber allen Verschwörungstheorien zu sein – nicht zuletzt im Interesse unserer Demokratie, der Menschenrechte und der Menschlichkeit ganz allgemein. Die Welt ist außerdem – Gott sei Dank, bin ich fast versucht zu sagen – zu komplex, zu bunt, zu vielfältig und zu vielschichtig, als dass simple und oft auch dumme Verschwörungstheorien sie erklären könnten. Halten wir uns daher lieber an den Rat Jesu aus Joh 7,24: «Urteilt nicht nach dem Augenschein, sondern urteilt gerecht!»

Im Banne des Großen Anderen

Die unbewussten Wurzeln von Verschwörungstheorien und Sektendynamik

Dieter Sträuli

Einleitung

Ich möchte hier zwei Phänomene auf der Grundlage der psychoanalytischen Theorie erklären:
- Erstens, warum wir zum Glauben an Verschwörungstheorien neigen,
- Zweitens, warum wir eine Neigung haben, sektenartigen Gruppen beizutreten.

Ich gehe davon aus, dass beide Phänomene – Verschwörungstheorien und Sektenmitgliedschaft – dieselben Wurzeln in der unbewussten Subjektstruktur haben, wie die Psychoanalyse sie beschreibt.

Ich visiere dabei eine bestimmte Phase der psychischen Entwicklung an, die wir alle durchlaufen haben. Die einen Subjekte lassen diese Phase hinter sich, andere bleiben sozusagen in ihr stecken, so dass sie weiterhin ihr Erleben und Verhalten bestimmt. Diese Zweiteilung werde ich allerdings später relativieren.

Die «steckengebliebenen» Subjekte sind fasziniert von der Gestalt des «Großen Anderen» und von dessen angeblich vollkommenem Genießen. Sie finden diesen Großen Anderen wieder in einem Guru oder in mächtigen Verschwörern.

Ich stütze mich bei meinen Ausführungen auf Theorien von Sigmund Freud und Jacques Lacan.

Die Sprache als Organ des Menschen

Die Studierenden strömen heute in die Neuropsychologie, weil sie hoffen, im Gehirn und seiner Untersuchung die objektive Grundlage für alles menschliche Verhalten zu finden. Dieses hochentwickelte Organ unterscheidet den Menschen ja von anderen Lebewesen.

Tatsächlich aber ist das Organ, das beim Menschen zum Überlebensfaktor geworden ist, nicht das Gehirn, sondern die Sprache. Und sie ist ein eigenartiges «Organ». Es existiert nämlich nicht nur im einzelnen Menschen, sondern als Netzwerk und Zeichensystem auch außerhalb von ihm.

Wir wissen nicht, wie die Sprache entstanden ist, ob der Mensch sie erfunden hat, oder ob sie den Menschen gefunden hat, ob das ein Entstehungsprozess von Jahrtausenden war oder eine plötzliche Emergenz.

In dieses Netzwerk, nennen wir es das Symbolische, werden wir hineingeboren. Die Sprache ist jeweils immer schon da. Wir plumpsen sozusagen in sie hinein und müssen uns in ihr einen Platz suchen. Noch mehr: Wir werden als Subjekte irgendwie in dieses Netzwerk der Sprache eingeknüpft, mehr schlecht als recht, denn der Prozess, in dessen Verlauf wir zu Sprechwesen werden, ist kompliziert und störungsanfällig. Darum geht es im Folgenden.

Im Banne des Großen Anderen

Wir sind Teil dieser Symbolwelt; die Sprache bestimmt und regiert uns. Wir sehen das natürlich anders; Sprache und Schrift sind praktische Kommunikations- und Speicherwerkzeuge, sozusagen Apps, die wir einschalten und, wenn wir sie nicht mehr brauchen, wieder ausschalten. Aber Freud hat richtig gesagt, «Das Ich ist nicht Herr im eigenen Hause», und Jacques Lacan hat von Heidegger den Satz übernommen: «Die Sprache spricht.» Man könnte auch sagen: Die Sprache spricht *uns*.[1]

Das Kind lernt, dass es in diesem Zeichensystem mit seinem Eigennamen vertreten ist. Dieser Name ist ein Wort wie die anderen, ein Teilchen des riesigen Netzwerks, aber wenn wir dieses Wort hören, fühlen wir uns angesprochen und drehen wir unser Gesicht dem Sprechenden zu.

In der Entwicklung des Menschengeschlechts ist das Zeichensystem Sprache an die Stelle der Instinkte getreten, die bei Tieren das Verhalten regulieren. Für viele von uns ist das schwer nachvollziehbar, gerade wenn wir die Sprache als unsere App betrachten. Tatsächlich wird unser Verhalten von zehntausenden sprachlich gefassten Regeln bestimmt, die oft den Zwang von Instinkten ausüben. Das sind Fahrpläne, Kalender, Social Media, Gebrauchsanweisungen, Gesetzbücher, Modestile usw.

---

[1] Siehe Sigmund Freud (1917 [1916]), *Eine Schwierigkeit der Psychoanalyse*, Gesammelte Werke, Band 12, Frankfurt a. M.: Fischer, S. 3–12, S. 9; Martin Heidegger (1959), *Unterwegs zur Sprache*. Pfullingen: Neske; Jacques Lacan (2016), *Funktion und Feld des Sprechens und der Sprache in der Psychoanalyse*, in: Jacques Lacan, *Schriften I. Vollständiger* Text, Wien: Turia + Kant, S. 278–381, S. 330: «... ein Diskurs, in dem das Subjekt [...] eher gesprochen wird als dass es spricht».

Wir sind ständig am Updaten dieser Regeln. Wenn wir den Blick über unsere Umgebung gleiten lassen, laufen – wie bei einem Cyborg mit seinem Headup-Display – unsichtbare *Do's and Dont's* an unserem inneren Auge vorbei, zusammen mit einer Art Wikipedia-Einträgen und Gefahrenanalysen. Aber all diese Informationen repräsentieren nicht einfach ein abstraktes Wissen, sondern nähren auch unsere Leidenschaften und zwingen uns immer wieder ein Verhalten auf.

Die Sprache bekommen wir gleichzeitig mit der Muttermilch von der Mutter. Sie ist der erste Große Andere, könnte man sagen. Wir sind von der Mutter abhängig und brauchen sie (oder jemanden, der ihren Platz einnimmt), um die ersten Jahre zu überleben. Der Vater ist – jedenfalls im traditionellen Bild der Familie, das sich gegenwärtig rasch verändert – der wichtigste Störenfried dieser Dyade, der sie aufbricht und dafür steht, dass wir nach der Geburt immer nur weiter weg von der Mutter gehen, im Sinne eines erweiterten Inzestverbots. Eigentlich aber ist es die Sprache, die den Menschen ab seiner Geburt von der unmittelbaren Beziehung zu seinen Mitmenschen und den Dingen entfremdet.

Abhängigkeit und Labilität des Menschen

Zuerst einmal brauchen wir die Mutter. Denn der Mensch ist eine biologische Frühgeburt. Er kann ein Jahr lang weder sprechen noch laufen. Er hat zunächst auch noch keine klare Vorstellung davon, wer oder was er ist, wo er anfängt und wo er aufhört, ob er Kopfweh oder Bauchweh hat. Denn alle diese Dinge lernt er in der Interaktion mit dem mütterlichen Anderen, mit dessen Pflege, dessen Liebkosungen und dessen Sprechen («Das ist der Daumen …»). Das Sprechen und Zuhören der Mutter unterstellen, dass das Plappern des Kleinkindes Sinn macht, und führen es so zu einem sinnvollen Austausch von Signifikanten.

Für den Biologen *Adolf Portmann* hängt diese *Neotenie oder physiologische Frühschwäche* dieses «hilflosen Nestflüchters» mit der Sprache zusammen.[2] Damit dieses Überlebensorgan des Menschen seine Wirkung entfalten kann, muss es mit dem jeweils neusten Wissen und der modernsten Sprachversion programmiert werden. Deshalb ist im Gehirn ein Platz für dieses Sprachsystem vorgesehen, der zunächst leer ist, aber beim Kind rasend schnell gefüllt wird. Und deshalb ist die Entwicklung eines Menschen bis zum Status eines Erwachsenen ausgedehnt auf zehn, zwanzig Jahre des Lernens.

Um das Alter von etwa 12 Monaten ist das Menschenjunge fähig, sich *im Spiegel* zu erkennen. Es begleitet dieses Erlebnis oft mit einem Jauchzen, das nach Jacques Lacan damit zusammenhängt, dass es zu diesem Zeitpunkt noch nicht fähig ist, ohne die Stütze von Erwachsenen vor den Spiegel zu treten. Sein Bild im Spiegel dagegen nimmt es als Ganzes und mit vollkommener Körperbeherrschung ausgestattetes wahr, in einer Vorwegnahme eines zukünftigen Zustandes. Dieser Augenblick ist mit einem starken Zufluss narzisstischer Libido verbunden, daher der Jubel.[3]

Das Kind identifiziert sich in diesem Augenblick mit seinem idealen Bild. So formt sich, unter der symbolischen Anerkennung durch die begleitenden Eltern, das Ego als

---

[2] Adolf Portmann (1944), *Biologische Fragmente zu einer Lehre vom Menschen*, Basel: Schwabe, S. 44 ff.

[3] Jacques Lacan (1949), Das Spiegelstadium als Gestalter der Funktion des Ichs, in: Jacques Lacan (2016), S. 109–117.

imaginäres Element der Subjektstruktur. Da diese Identifizierung aber eine labile ist, wird der Mensch fortan auf Bilder fliegen, sich in schöne Körper und Frätzchen verlieben und durch Werbung beeinflussbar sein.

Der Ödipuskomplex als Labyrinth der Entwicklung

Weit von der populären Kurzversion entfernt – dass der Junge mit seiner Mutter schlafen und seinen Vater töten will, und dass es beim Mädchen irgendwie ähnlich sei oder halt umgekehrt – ist der Ödipuskomplex ein Entwicklungsmechanismus, ein Labyrinth, welches das Subjekt durchschreiten muss. Entwicklungsschübe werden durch Hormone ausgelöst, aber immer wieder müssen diese Schübe durch Ereignisse aus der Umgebung – Schlüsselsätze von Seiten der Eltern etwa – quasi beantwortet werden. Am Schluss dieses langen, komplizierten und störungsanfälligen Weges steht ein *sexuiertes* Wesen vor uns, das sich als Mann, Frau, als hetero-, homo- oder bisexuell wahrnimmt.

Dabei spielen Eltern und Lehrpersonen eine Schlüsselrolle. In einer bestimmten Entwicklungsphase, die uns hier vor allem interessiert, nimmt das Kind die Eltern als mächtig und ambivalent wahr. Für den Knaben zum Beispiel ist dann der Vater ein Rivale. Er sieht sich auf derselben Ebene stehend wie er, und die vorherrschenden Gefühle des Sohnes für ihn sind hier widerstrebende Bewunderung, Neid, Hass, Angst, unkontrollierbare Faszination.

Unterscheiden sich in dieser Phase die realen Eltern von diesem Bild autoritärer Eltern und können sie die Bedenken und die Unsicherheit der Kinder zerstreuen, so vermögen die Kinder zu differenzieren zwischen den Eltern als Personen, die wieder eine normale Größe angenommen haben, und den abstrakten Werten, die die Eltern vertreten. Mit diesen Werten identifiziert sich das Kind, wie Freud sagt;[4] sie bilden den Kern des Ich-Ideals, das dem Subjekt fortan als Gefäß dient für seine Vorbilder, Ziele und Wünsche – im besten Fall erreichbare Ziele, in optimaler Distanz zum Subjekt, in Reichweite seiner Möglichkeiten. Freud spricht hier vom Untergang des Ödipuskomplexes. Die Entwicklung kann dann ungestört weitergehen.

Der Urvater-Mythos

Anders verläuft der Ödipus, wenn die Eltern tatsächlich autoritär oder sogar pervers sind – oder, und diese Differenzierung ist wichtig, wenn sie so wahrgenommen werden. Denn dann gesellt sich zu den gewöhnlichen, realen Eltern und dem abstrakten Ich-Ideal ein phantasmatisches Bild[5], eine Imago: sc. die der allmächtigen Eltern.

Freud hat sich für die Begründung dieses negativen Vaterbildes auf Darwin gestützt, der eine *Urhorde* beschreibt, wie wir sie von Primaten kennen.[6] Ein Alpha-Tier

---

[4] Sigmund Freud (1923), *Das Ich und das Es,* Gesammelte Werke, Band 13, Frankfurt a. M, S. 237–289; ders., Studienausgabe Band 3, S. 301.

[5] Phantasma bedeutet bei Lacan im Unterschied zur Fantasie ein unbewusster Schlüsselinhalt, der das angebliche (unterstellte) Verhältnis des Subjekts zum Großen Anderen und zum verlorenen Objekt beschreibt. Jacques Lacan (1975), *Die Bedeutung des Phallus, in: Jacques Lacan, Schriften II*, Weinheim/Berlin: Turia + Kant, 119–132.

[6] Charles Darwin (2002 [1871]). Die Abstammung des Menschen und die geschlechtliche Zuchtwahl, Stuttgart: E. Koch.

kontrolliert dort einen Harem von Weibchen und schließt die jüngeren Männchen von der Fortpflanzung möglichst aus. Hier setzt Freud an und beginnt in seinem Aufsatz *Totem und Tabu* zu erzählen. Die ausgeschlossenen Männchen beschließen, den Vater zu töten und sich der Weibchen zu bemächtigen:

> «Eines Tages taten sich die ausgetriebenen Brüder zusammen, erschlugen und verzehrten den Vater und machten so der Vaterhorde ein Ende. Vereint wagten sie und brachten zustande, was dem Einzelnen unmöglich geblieben wäre. [...] Die Totemmahlzeit, vielleicht das erste Fest der Menschheit, wäre die Wiederholung und die Gedenkfeier dieser denkwürdigen, verbrecherischen Tat, mit welcher so vieles seinen Anfang nahm, die sozialen Organisationen, die sittlichen Einschränkungen und die Religion. [...]
>
> Hatten sich die Brüder verbündet, um den Vater zu überwältigen, so war jeder des anderen Nebenbuhler bei den Frauen. Jeder hätte sie wie der Vater alle für sich haben wollen, und in dem Kampfe aller gegen alle wäre die neue Organisation zugrunde gegangen. Es war kein Überstarker mehr da, der die Rolle des Vaters mit Erfolg hätte aufnehmen können. Somit blieb den Brüdern, wenn sie miteinander leben wollten, nichts übrig, als – vielleicht nach Überwindung schwerer Zwischenfälle – das Inzestverbot aufzurichten, mit welchem sie alle zugleich auf die von ihnen begehrten Frauen verzichteten, um derentwegen sie doch in erster Linie den Vater beseitigt hatten. Sie retteten so die Organisation, welche sie stark gemacht hatte.» [7]

---

[7] Sigmund Freud (1912–13), *Totem und Tabu. Gesammelte Werke, Band 9*, Frankfurt a. M., S. 3–196; ders., (1989) *Studienausgabe, Bd. 9*, S. 287–444.

Nach diesem ersten Mord in der Menschheitsgeschichte geschieht gemäß Freud etwas Unerwartetes. Der anvisierte totale Genuss stellt sich nicht ein. Denn die Brüder, wie Freud sie nennt, realisieren, dass nun ein Krieg aller gegen alle droht. Deshalb erfinden sie das Gesetz und schließen einen Vertrag. Ein jeder nehme seine Frau, verzichte auf die Frau des Anderen, und es solle der Satz gelten «Du sollst nicht begehren eines Anderen Weib».

So scheint die Gefahr gebannt, und darüber hinaus sind die Angehörigen der Horde im Laufe des Dramas, ohne es zu merken, von Tieren zu Menschen geworden, haben Wörter wie «Vater» und «Söhne» eingeführt und die erste Kultur der Geschichte gegründet – welche Geschichte hier ebenfalls ihren Anfang genommen hat.[8]
Historisch betrachtet ist dieser Mythos natürlich absurd. Das muss aber so sein, weil der Anfang der Geschichte, der Anfang von Sprache, Menschsein und Gesetz weder beobachtet noch erzählt werden können. Man benötigte dafür Instrumente wie die Sprache, und die sind ja immer schon da, also ist es auch immer zu spät für die Beobachtung des Beginns.

Andererseits ist Freuds Urvater-Mythos unverzichtbar. Er macht logische Positionen des Subjekts im Unbewussten sichtbar. Der allgenießende Urvater ist das Beispiel, das unsere Unterwerfung unter das Gesetz rechtfertigen soll, indem es zeigt, was ohne diese Unterwerfung geschehen würde. Deshalb ist der Urvater auch dort ein Inhalt des Unbewussten, wo in der Familie des Subjekts kein gewalttätiger oder perverser Vater umgeht. Der Urvater ist sozusagen ein Bezugspunkt außerhalb einer geometrischen Figur, wie der Brennpunkt eines Kameraobjektivs.

---

[8] Sigmund Freud (1912–13), S. 171–174; bzw. (1989), 426–428.

Genießen und Begehren

Die Eltern sind in der Entwicklung der Kinder als erste zuständig dafür, das Kind zu «frustrieren». Das ist nötig, weil immer nur ein begrenztes Genießen verfügbar ist. Wir müssen als Kinder lernen, mit diesem Wenigen umzugehen. Dieses «Frustrieren» der Kinder soll nie ein sadistisches oder übertriebenes sein.

Es geht um eine Erziehung zu dem, was Lacan das Begehren, *désir*, nennt. Das Begehren ist unsere *conditio humana*. Das Begehren ist nicht dazu da, vollständig erfüllt zu werden. Es entsteht in der Dialektik der Ablösung von der Mutter. Zuerst war da das Begehren der Mutter nach einem Kind. Ihm verdanken wir unsere Existenz. Dennoch müssen wir uns von diesem Begehren befreien. Dabei hilft die Erkenntnis, dass die Mutter außer uns auch anderes begehrt, zum Beispiel den Vater. Schließlich schlagen wir den Weg unseres eigenen Begehrens ein. «Nie nachgeben in seinem Begehren!», empfiehlt uns Jacques Lacan.[9] Das Begehren ist immer unterwegs nach dem nächsten Quäntchen Lust; es hält unseren Wunsch zu leben aufrecht.

Wenn dieser Weg zum eigenen Begehren aber nicht gelingt, bleiben wir dem Phantasma des vollständigen Genießens verhaftet. Dann wird das eigentlich abschreckende Beispiel des Urvaters zur Versuchung, zum Modell. Hier liegt die Wurzel für das Phänomen, dass viele

---

[9] «Letztlich besteht das, wessen sich das Subjekt wirklich schuldig fühlt, wenn es Schuld auf sich lädt, es mag dem Beichtvater gefallen oder nicht, im Grunde darin, daß es von seinem Begehren abgelassen hat.» Jacques Lacan (1996), *Das Seminar, Buch 07, (1959–60) «Die Ethik der Psychoanalyse»*, Weinheim/Berlin: Turia + Kant, S. 381.

Sektenführer sich einen Harem halten, auch dort, wo sexuelle Enthaltsamkeit gepredigt wird. Zwar ist der Sexualtrieb immer ein starker und anarchischer Meister, aber wir bekommen angesichts der massiven Übergriffe und Missbräuche in Gruppen den Eindruck, gewisse Sektenführer versuchten wie unter Zwang, Freuds Urhorde zu rekonstruieren.

Das totale Genießen ist natürlich ein Ding der Unmöglichkeit, ein weiterer Mythos also, aber eben auch einer jener logischen Eckpunkte im Unbewussten, die zusammen die Subjektstruktur ausmachen.

Hat man Zugang zur Position des Begehrenden gefunden, so muss die Vorstellung der Realisierung eines vollständigen Begehrens als Horror erscheinen. Das Subjekt wird in seiner Vorstellung vom Genießen überschwemmt und quasi ausgelöscht. Das Resultat ist eine Art Zombie-Zustand.

Als Störungen im Umgang mit dem Begehren können Anorexie und Drogensucht erwähnt werden. Der anorektische Mensch erträgt die Gezeiten des Begehrens nicht, welches immer wieder wächst und schwindet, und versucht sich davon völlig unabhängig zu machen. Der Süchtige hat die Metonymie des Objekts seines Begehrens – ständig tauchen vor uns neue Objekte auf, die frühere ablösen – durch ein einziges ersetzt: den nächsten Schuss.

Neben Anorexie und Drogensucht finden wir eine weitere Möglichkeit, unser Begehren zu verraten: dass wir es nämlich einem andern überlassen.

Bei Verschwörungstheorien sind «mächtige Interessengruppen» am Werk, die alle Reichtümer der Welt kontrollieren und aus dem Verborgenen die Geschicke der Erde lenken. Das Geheimnis ihrer Machtposition halten sie unter Verschluss. Sie sind schuld daran, dass ich nicht genießen kann, denn sie haben das Genießen monopolisiert. Folglich hasse, beneide und bewundere ich sie. Dasselbe geschieht, wenn ich mein Begehren an einen Sektenführer delegiere, der mir jeweils sagt, was ich zu wollen habe.

Es gibt echte Verschwörungen und also auch Verschwörer. Aber sie haben nichts gemein mit den fantastischen Wesen, die uns laut Verschwörungstheorien aus dem Verborgenen ausbeuten. Verschwörungstheoretiker forschen den Bilderbergern und Illuminaten hinterher und lassen Microsoft, Facebook, Nestlé, usw., die uns gewisse Probleme machen, links liegen. Das Internet hat es uns radikal leichtgemacht, auf Verschwörungstheorien aufzuspringen. Es gibt dort nichts, was es nicht gibt. Hinter den Illuminaten steckt für manche der Satan, hinter den Bilderbergern Außerirdische.

Manche Verschwörungstheoretiker geraten beim Reden über ihr Lieblingsthema in eine sichtliche Erregung. Das zeugt davon, dass sie ihrem Phantasma des vollständigen Genießens der andern nahe sind. Und in diesem Zustand sind sie schwer von anderen Standpunkten zu überzeugen.

Der Platz des Großen Anderen

Auch Lacans Konzept des «Großen Anderen» ist ein Zugang zum Phänomen der Verschwörungstheorien und der Sektenstruktur. Der Große Andere existiert nicht, sagt Lacan immer wieder. Das heißt, er hat keine Existenz wie andere menschliche Subjekte, sondern wird von uns genau auf einer kreisförmigen Horizontlinie wahrgenommen. Jenseits von ihr verschwindet er; versuchen wir aber, ihn hinein zu holen unter die anderen Subjekte und Objekte diesseits des Horizonts, verschwindet er auch, nämlich als Großer Anderer.[10]

Ein gutes Beispiel für eine Verkörperung des Großen Anderen ist Gott. Wo bleibt Gott, wenn der Große Andere nicht existiert? Genau dort, wo er immer war. So fern und doch so nah, nicht festzumachen, unergründlich, genau auf der Horizontlinie unserer Wahrnehmung als Subjekte, dort, wo unser Glaube, wenn wir ihn haben, hinzielt. Das heißt, dort bleibt er, wenn wir ihn nicht hereinnehmen in unsere neurotischen Phantasmen einer sadistischen Kontrollinstanz, eines imaginären Spielgefährten, eines Warlords, der zu töten gebietet.

Der Große Andere ist eine weitere jener Schlüsselpositionen in der unbewussten Subjektstruktur. Lacan empfiehlt, diesen Platz leer zu behalten. Diese Forderung ist für Neurotiker nur schwer zu erfüllen. Sie besetzen den Platz des Großen Anderen mit vielfältigen Gottesbildern, mit Ehepartnern, mit Vorgesetzten oder Verschwörern in Verschwörungstheorien. Und natürlich mit Anführern sektenartiger Gruppen.

Unser Verhältnis zu diesen Gestalten wird bestimmt von unserem spezifischen unbewussten Phantasma. Ich habe schon den Neid erwähnt, der manche Subjekte umtreibt. Aber auch Verschmelzungswünsche sind häufig; eher bei Frauen als bei Männern. Dann gibt es Rivalitäten oder Jäger des verlorenen Schatzes, Sucher auf dem Weg nach Shangri-La, Atlantis und der hohlen Erde – die Anzahl der Szenarien ist riesig.[11]

---

[10] Vgl. Rolf Nemitz (2013), *Lacan entziffern*: https://lacan-entziffern.de/anderer/22236/#Der_Andere_des_Anderen.

[11] Dazu siehe Martin Brauen (2000), *Traumwelt Tibet. Westliche Trugbilder*. Bern: Paul Haupt; Kunst- und Ausstellungshalle der

Die Verantwortung des Subjekts

Eine Psychoanalyse funktioniert so, dass ich meinen Analytiker an die Stelle des Großen Anderen setze. Lacan spricht vom Subjekt, dem Wissen unterstellt wird. Ich suche ja einen Analytiker auf, weil dieser hoffentlich weiß, was mit mir los ist. Nun wird sich ein guter Analytiker hüten, die Stelle des Großen Anderen einzunehmen. Er wird meist schweigen und mich reden lassen. Aber er wird es mir ermöglichen, nach längerer Arbeit zu vernehmen, was ich da eigentlich sage. So können wir gemeinsam mein grundlegendes Phantasma rekonstruieren, und vielleicht kann ich sogar auf es verzichten, wenn es mir bewusst geworden ist.

Sektenführer, Gurus, aber auch manche Prediger haben weniger Scheu, die Stelle des Großen Anderen einzunehmen. Einige haben sogar gelernt, wie man uns dazu bringt, sie selbst an den Platz des Großen Anderen in unserem Unbewussten zu setzen. Sie haben bestimmte Diskurse bzw. Signifikantenketten entwickelt, die direkt oder auf Umwegen unseren Mangel, jenes feste Erbe unserer Existenz, das Erbe unseres Herausragens aus dem animalischen Eingelassen-Sein in die Natur, thematisieren.

Nicht nur thematisieren, sondern auch gleich als überflüssig, als behebbar abtun. Schon meldet sich die Vision vom totalen Genießen. «Aber natürlich hast du ein Recht auf dieses totale Genießen. Es hat allerdings seinen

---

BRD, Thierry Dodin & Heinz Räther [Hg.]. (1997), *Mythos Tibet. Wahrnehmungen, Projektionen, Phantasien*, Köln: DuMont; Ekkehard Hieronimus (1975), *Der Traum von den Urkulturen. Vorgeschichte als Sinngebung der Gegenwart?*, München: Carl Friedrich von Siemens Stiftung.

Preis ... Aber bei uns kannst du lernen, wie man dahinkommt.»

Paradox ist, dass beide, Sektenführer wie Anhänger, dieselbe Position im Unbewussten anwählen, um eine Sekte zu bilden: die Vorstellung vom vollständigen Genießen eines Großen Anderen.[12] Die Abhängigkeit des Adepten vom Sektenführer erklärt Freud so: «Das Objekt hat sich an die Stelle des Ich-Ideals gesetzt.»[13] Das heißt, die von den Eltern introjizierte abstrakte Liste von Werten mit Vorbildcharakter wurde durch eine reale Person ersetzt. Diese verkörpert fortan das Gewissen; was sie sagt, ist Gesetz.

In Augenblicken der Begegnung mit dem potenziellen Großen Anderen enthüllt sich dem Subjekt, wie gut es vorbereitet ist auf diesen Sirenengesang, ob es widersteht oder nachgibt. Das vollständige Genießen ist ein Ding der Unmöglichkeit und deshalb eine Illusion. Deshalb sollen wir nie nachgeben in unserem Begehren bis zu unserem Ende.

Wir kennen die Manipulations- und Anwerbungstechniken der Sektenführer, die mit dem vollständigen Genießen winken und versuchen, das Begehren der Anhänger

---

[12] Wo genau in dieser geteilten Phantasie eine Asymmetrie versteckt ist, hat die kanadische Psychiaterin Diane Casoni in ihrem Vortrag *«Die Sekten – von der Paradiesverheissung zur Höllenerfahrung»* analysiert: Diane Casoni (1996), *Les sectes: De la promesse du paradis à l'expérience de l'enfer*, in: Stefan Bauhofer u. a., *25. Tagung der Schweizerischen Arbeitsgruppe für Kriminologie: «Sekten» und Okkultismus – Kriminologische Aspekte*, Chur: Rüegger, S. 311–320.

[13] Sigmund Freud (1921), *Massenpsychologie und Ich-Analyse. Gesammelte Werke, Bd. 13*, Frankfurt a. M.: Fischer, S. 71–161, S. 124; ders., (1989) Studienausgabe, Band 9, S. 61–134, S. 125.

zu steuern. Und auch die Vertreter der etablierten Kirchen und anerkannten Religionsgemeinschaften kann man hier nicht aus der Pflicht nehmen. Es ist erstaunlich, wie etwa die katholische Kirche ihre Vertreter immer an die biografischen Schlüsselstellen ihrer Schäfchen gesetzt hat, nicht nur um diese bei Geburt, Firmung, Eheschließung und Tod zu unterstützen, sondern auch um sich unentbehrlich zu machen und die Kontrolle über Sexualität und Genießen aufrecht zu erhalten.

Liebe, Glück, Geld sind zu haben. Aber eben nur in der gewöhnlichen, eingeschränkten Form, und leider nicht einmal für alle. Und allein dafür, dass man sich die *Illusion* des vollständigen Genießens leistet, ist der Preis viel zu hoch. Deshalb gilt: Immer weiter zu begehren bis an unser Ende, das soll unser Ziel sein.

Im Sinnlosen Sinn finden?

Theologische Unterscheidungshilfen zum Verschwörungsglauben

Matthias Pöhlmann

1. Annäherung

Handelt es sich beim zeitgenössischen Verschwörungsglauben um die globalisierte «Weltreligion des dritten Jahrtausends»? *Cicero*, «das deutsche Magazin für politische Kultur», behauptet es jedenfalls:

> «Man leugnet die empirische Wahrheit der Politik, die immer ein schwer durchschaubares, hässliches, häufig langweiliges Geflecht aus Kompromissen, Interessensabwägungen, Zufällen, Eitelkeiten, Kompetenzgerangel, Rücksichtnahmen, Risikobewertungen und oft auch genug Dilettantismus ist, zugunsten eines Glaubens an das faszinierende, widerspruchsfreie Komplott.»[1]

Mittlerweile ist eine Vielzahl an Büchern und Fachartikeln erschienen, die sich aus unterschiedlichen Perspektiven dem Thema Verschwörungstheorien widmen. Das Spek-

---

[1] Cicero (o. J.), *Die Weltreligion des dritten Jahrtausends*: www.cicero.de/innenpolitik/die-weltreligion-des-dritten-jahrtausends/48693.

trum reicht von eher feuilletonistischen wie unterhaltsamen Titeln wie «Angela Merkel ist Hitlers Tochter – Im Land der Verschwörungstheorien»[2] bis hin zu fundierten analytischen Büchern aus fachwissenschaftlicher, insbesondere psychologischer, historischer[3], religionswissenschaftlicher[4] und soziologischer Sicht.[5] Theologische Beiträge zum Thema gibt es so gut wie nicht. Dies ist umso überraschender, als im deutschsprachigen Raum bei kirchlichen (wie auch bei staatlichen) Beratungsstellen Anfragen zum Verschwörungsglauben eine immer größere Rolle spielen. Das *Sekteninfo NRW* in Essen etwa berichtet: «In der Beratung erfahren wir, wie verzweifelt Ratsuchende sind, wenn Angehörige Verschwörungstheorien anhängen, und sich beispielsweise in die Reichsbürgerszene hineinsteigern. Ratsuchende erleben, wie nicht nur bisher gemeinsame Werte und Gewissheiten bezweifelt, sondern auch als unhinterfragbar angenommene Grundfesten der Gesellschaft abgelehnt werden. Es gibt immer neue Diskussions-Themen, aber immer weniger eine gemeinsame Gesprächsgrundlage. Es wird uns

---

[2] Christian Alt & Christian Schiffer(2018), *Angela Merkel ist Hitlers Tochter. Im Land der Verschwörungstheorien*, München: Carl Hanser, 2. Auflage.

[3] Helmut Reinalter [Hg.] (2018), *Handbuch der Verschwörungstheorien*, Leipzig: Salier.

[4] Asbjörn Dyrendal / David G. Robertson / Egil Asprem [Hg.] (2018), *Handbook of Conspiracy Theory and Contemporary Religion*, Leiden/Boston: Brill.

[5] Siehe u. a. Michael Butter (2018), *«Nichts ist, wie es scheint». Über Verschwörungstheorien*, Berlin: Suhrkamp; Karl Hepfer (2015), *Verschwörungstheorien. Eine philosophische Kritik der Unvernunft*, Bielefeld: Transcript; Andreas Anton / Michael Schetsche / Michael K. Walter [Hg.] (2014), *Konspiration. Soziologie des Verschwörungsdenkens*, Wiesbaden: Springer.

Im Sinnlosen Sinn finden? 79

von nächtelangen Internetrecherchen berichtet, nach denen die verschwörungsgläubigen Angehörigen mit neuen Themen oder extremeren Vorstellungen aufwarteten. Kritischen Fragen wird zunehmend feindselig begegnet. ‹Was kommt als Nächstes?› fragen sich Ratsuchende, oder auch ‹Wer glaubt mir eigentlich?›»[6]

Mit der Popularisierung esoterischer Überzeugungen gewinnen verschwörungsgläubige Überzeugungen an Akzeptanz. In ihrem Tätigkeitsbericht 2017 konstatiert die Bundesstelle für Sektenfragen in Wien eine enge Verknüpfung von Esoterik mit Verschwörungstheorien, die sich in einer anwachsenden Zahl von Anfragen widerspiegele.[7]

---

[6] Christoph Grotepass (2018), *Fake News, Verschwörungstheorien & Reichsbürger,* in: Sekten-Info NRW: sekten-info-nrw.de/index.php?option=com_content&task=view&id=335&Itemid=1. Im Jahresbericht 2017 der Sekten-Info NRW heißt es: «Die andere Hälfte der Beratungen in dieser Kategorie bezog sich auf verschiedene Verschwörungstheorien. Geheime Wahrheiten und Komplotte üben auf viele Menschen eine große Faszination aus. Besorgniserregend wird diese Faszination erst, wenn Verschwörungsgläubige glauben, dass das Böse oder die Bösen in der Welt immer mehr zunehmen und sowohl das Gute als auch die Betroffenen selbst dadurch akut bedroht sind. Menschen, die sich ausgegrenzt fühlen oder einen schweren Schicksalsschlag erlitten haben, neigen eher dazu, Verschwörungstheorien Glauben zu schenken. Das eigene erlebte Leid in ihrem Leben erhält dadurch einen Sinn. Sie entwickeln ein beträchtliches Misstrauen gegenüber anderen Menschen und staatlichen Institutionen. Die Szene ist sehr heterogen. Die Bewegung der Reichsbürger hat auch unsere Beratungsstelle in fünf Fällen beschäftigt.» (sekten-info-nrw.de/index.php?option=com_content&task=view&id=336&Itemid=1).

[7] Bundesstelle für Sektenfragen [Hg.] (o. J.), *Tätigkeitsbericht 2017. Bericht der Bundesstelle für Sektenfragen an das Bundeskanzleramt*:www.parlament.gv.at/PAKT/VHG/XXVI/III/III_00184/imfname_708952.pdf.

Auch in meiner Beratungsarbeit als kirchlicher Beauftragter für Sekten- und Weltanschauungsfragen spielen «Verschwörungstheorien» eine Rolle, so bei manchen Anfragen zu Satanismus und Scientology, Freimaurern und Reichsbürgern bzw. Staatsverweigerern. Dabei dienen Satanismus und Scientology mitunter als monokausaler Erklärungsversuch für persönliche Desorientierung und psychische Beeinträchtigung nach dem Motto: «Sie sind hinter mir her und erlauben mir nicht, ein normales Leben zu führen.» Teilweise führt das, obwohl es keinen direkten Kontakt zu diesen Gruppen gegeben hat, zu regelrechten Verfolgungsängsten. Gleichwohl darf nicht übersehen werden, dass etwa Scientology als Realsymbol für Systemkritik dient. Hier wird eine Sprache gewählt, um die zunehmende, oft radikale Ökonomisierung des Lebens zum Ausdruck zu bringen.[8]

Davon zu unterscheiden sind konkrete Beratungsfälle, in denen der Verschwörungsglaube zu einer exklusiven und abgeschotteten Weltsicht führt, die für Angehörige von Betroffenen zu erheblichen Problemen führen kann.

---

[8] Hansjörg Hemminger (2001), *Scientology ist überall. Eine «Sekte» wird zum Realsymbol für Systemkritik*, in: *Materialdienst der EZW 1, 1*. Der Konzern repräsentiert für viele Menschen den «global agierenden Kapitalismus ‹at its worst›: ohne soziale Absicherung, ohne Rücksicht auf Menschenrechte und Menschenwürde, ohne demokratische Kontrolle.» (ebd.) «Scientology» wird für besorgte Anfragende bei Beratungsstellen häufig zum Synonym für einen hemmungslosen Turbo-Kapitalismus.

2. Verschwörungsglaube heute

Der Blick hinter den Vorhang des Weltgeschehens hat Menschen von jeher fasziniert. In einer globalisierten, zunehmend digitalisierten und durch vielerlei Krisenherde gezeichneten Welt artikuliert sich das Unbehagen an der Gegenwart in einem tiefen Misstrauen gegenüber Institutionen und Organisationen in Politik, Wirtschaft, Medien und Religion. Werden Fakten von Interessengruppen bewusst verschleiert oder gar unterdrückt? Wer sind die heimlichen Drahtzieher des Weltgeschehens? Existieren der Schattenstaat und die Puppenspieler? Für manche Menschen ist es eben leichter zu akzeptieren, dass irgendwelche bösen Menschen oder Gruppen die Weltgeschichte lenken, als mit Chaos oder blankem Zufall zu rechnen.

Verschwörungsdenken, Verschwörungstheorien, Verschwörungsmythen – in der Diskussion und in der kritischen Auseinandersetzung werden häufig unterschiedliche, oft auch synonyme Bezeichnungen dafür gewählt. An dieser Stelle soll von Verschwörungsglauben[9] die Rede sein. Verschwörungsglauben gibt sich als Ideologie zu erkennen: Im Fühlen, Denken und Handeln der an die vermeintliche Verschwörung glaubenden Menschen gewinnt diese den Charakter eines Glaubenssystems, das stark

---

[9] In Anknüpfung an Überlegungen von Michael Blume (2016), *Angstgetrieben. Warum Verschwörungstheorien heute so populär sind*, in: *Herder Korrespondenz 7*, 26–29. Michael Butter (2018), 93, weist auf das sich in Verschwörungstheorien spiegelnde manichäische Weltbild hin: «Der Verschwörungstheoretiker meint, einem Konflikt zwischen dem absolut Bösen, den Verschwörern, und dem absolut Guten, deren Opfern, auf der Spur zu sein.»

von Schwarz/Weißdenken, Freund-/Feindbildern und exklusivem bzw. elitärem Wissen geprägt ist. Der Verschwörungsglaube wird für seinen Anhänger zum weltanschaulichen Erklärungsmodell. Es dient einer individualisierten Kontingenzbewältigung angesichts einer hochkomplexen Wirklichkeit. Der Verschwörungsglaube wirkt für Menschen, die sich gesellschaftlich abgehängt oder ausgeschlossen fühlen, als weltanschaulich geschlossene Option, die ihre Bestätigung aus weiteren verschwörungsgläubigen Deutungen bezieht. Der Verschwörungsglaube verheißt, Antworten auf alle Fragen geben zu können. Die Wirklichkeit erscheint Verschwörungsgläubigen damit nicht von Zufällen, sondern von zuschreibbaren und klar benennbaren Personengruppen mit bösen Einfluss- und Machtsphären bestimmt.

Das Sich-nicht-abfinden-Wollen mit unerklärlichen Zufällen ist ein menschliches Grundbedürfnis. Der Verschwörungsglaube sucht im Zufälligen und Sinnlosen nach Sinn. Vorrangig geht es beim Verschwörungsglauben um Komplexitätsreduktion und Kontingenzbewältigung. Die Sehnsucht nach einfachen Antworten ist das Grundmotiv für das Entstehen von Verschwörungsmythen. Sie erklären angeblich die wahren Zusammenhänge. Eine solche Perspektive kann vom Betroffenen zunächst als Erleichterung oder Entlastung empfunden werden. Es ist einfach, für das eigene Scheitern heimliche Drahtzieher und böse Machenschaften verantwortlich zu machen. Mitunter können auch wahnhafte Einstellungen dominieren. Oftmals sucht man in virtuellen Echokammern Bestätigung und tauscht sich in spezifischen Foren darüber aus. Dies dient zur Selbstbestätigung für ein elitäres Wissen in Abgrenzung zur «nicht erwachten» Mehrheit. Mitunter legen Verschwörungsgläubige einen stark ausgeprägten missionarischen Überzeugungseifer an den Tag.

Im Sinnlosen Sinn finden?

Der zeitgenössische Verschwörungsglaube speist sich aus unterschiedlichen Quellen und Motiven. In der Literatur wird er charakterisiert als «Verweltlichung eines religiösen Aberglaubens», als «Paranoia-Haltung» oder als Versuch einer Komplexitätsreduktion bzw. als Ausdruck diffuser Ängste.[10] Eine neuere wissenssoziologische Studie hält fest, «dass die wichtigste Funktion von Verschwörungstheorien zunächst einmal darin besteht, bestimmte Ereignisse oder Prozesse, die sich ansonsten nur schwer einordnen ließen, *sinnhaft zu deuten*, so dass sie sich in bestehende Weltbilder, Sinnstrukturen oder ein bestimmtes Hintergrundwissen integrieren lassen.»[11] Verschwörungstheorien können dazu dienen, «menschliches Erleben und Handeln mit Sinn zu versehen».[12] Damit ist jedoch noch nichts über den Wahrheitsgehalt und die weltanschauliche Einbettung solcher Verschwörungstheorien ausgesagt. Die kritiklose Akzeptanz von Verschwörungstheorien führt zu einem Verschwörungsglauben, der sich zu einer umfassenden, keine Frage offenlassenden Ideologie entwickeln kann. Menschen sehen darin

---

[10] Karl Popper (1958), *Die offene Gesellschaft und ihre Feinde II. Falsche Propheten*. Bern: Francke [unveränderter Nachdr. 1980]. 182; Daniel Pipes (1998), *Verschwörung. Faszination und Macht des Geheimen*, München: Gerling; Rudolf Jaworski (2001), *Verschwörungstheorien aus psychologischer und aus historischer Sicht*, in: Ute Cammans & Matthias Niendorf [Hg.], *Verschwörungstheorien. Anthropologische Konstanten – historische Varianten*, Osnabrück: Fibre, 11–30.

[11] Andreas Anton, Michael Schetsche & Michael K. Walter [Hg.] (2014a), *Einleitung: Wirklichkeitskonstruktion zwischen Orthodoxie und Heterodoxie – zur Wissenssoziologie von Verschwörungstheorien*, in: dies. [Hg.], *Konspiration. Soziologie des Verschwörungsdenkens*, Wiesbaden: Springer, 9–25, 15.

[12] Ebd., 15.

einen tieferen Sinn, finden Erklärungsmuster für die eigene Ohnmacht, vermuten geheimnisvolle Kräfte, Drahtzieher hinter den Kulissen, die für persönliches wie globales Unglück verantwortlich gemacht werden. Der Verschwörungsglaube gibt sich als individualisierte und / oder gruppenbezogene Orientierung zu erkennen. Letztlich ist er Ausdruck einer Suche nach tieferem Sinn, nach Gesetzmäßigkeiten im Sinnlosen bis hin zum Versuch, eine umfassende Weltdeutung zu geben. Dabei kann Verschwörungsglaube rein säkulare Züge tragen und sich als säkulare Ideologie zu erkennen geben. Er kann auch deutliche religiöse Züge annehmen, wie etwa im Weltbild der Anastasia-Bewegung, die sich auf die zehnteilige Buchreihe «Die klingenden Zedern Russlands» des russischen Autors Wladimir Megre stützt. Unter dem Namen Wladimir Pusakow berichtet er darin über das Leben einer jungen Frau aus der Taiga namens Anastasia, der er begegnet sein soll. Diese offenbart ihm angeblich tiefere Einblicke in das Weltgeschehen. So wird das Ideal einer «wedrussischen Kultur» beschworen, die jetzt durch finstere Kräfte bedroht werde. Der in den Büchern entfaltete anastasianische Verschwörungsglaube zeigt deutlich antisemitische und antidemokratische Einflüsse.[13]

Verschwörungsglaube will sich nicht damit abfinden, dass es Zufälle gibt. Er vermutet einen tieferen Sinn und schreibt das Böse konkreten Gruppen zu. Er richtet sich auf Innerweltliches aus und ist in seiner Irrationalität sehr rational.

---

[13] Siehe dazu Matthias Pöhlmann (2018), *Ahnenwissen und Zedernprodukte. Die Anastasia-Bewegung verbreitet antisemitisches Gedankengut*, in: *Herder Korrespondenz 7*, 36–39.

Heutiger Verschwörungsglaube weist eine Mischung aus religiösen, politischen, kulturellen und alltagskulturellen Elementen auf. Er mischt sich mit antisemitischen und geschichtsrevisionistischen Vorstellungen. Heutiger Verschwörungsglaube lässt sich im Kontext des christlichen Fundamentalismus, des katholischen Traditionalismus, rechter Esoterik, im politischen Feld sowie auch im linksalternativen Spektrum beobachten. Aber auch über fiktionale Stoffe, wie durch den sogenannten Dan Brown-Code, wird er in mehr oder weniger unterhaltsamer Weise popkulturell verbreitet.[14] Und kein Zweifel: Der Verschwörungsglaube hat bereits Eingang in die gesellschaftliche Mitte gefunden, ja letztlich auch ins Deutsche Parlament. Dort sitzen Bundestagsabgeordnete, die ganz selbstverständlich über die Neue Weltordnung fabulieren. Peter Boehringer, AfD, Vorsitzender des Haushaltsausschusses, glaubt an eine globale Elite, die im Hintergrund an der «Neuen Weltordnung» arbeitet.[15]

Verschwörungsglaube wird derzeit besonders bei rechten Esoterikern, bei Reichsbürgern und Staatsverweigerern greifbar. Hier können sich mitunter deutliche Überlappungen und personelle Vernetzungen ergeben. Sog. Reichsbürger bzw. Staatsverweigerer gehen davon aus, dass der Staat, in dem sie leben, abzulehnen sei, da er prinzipiell nicht legitimiert sei. Hand in Hand gehen damit antidemokratische Überzeugungen und die Bereitschaft, diesen Staat und seine Behörden lahmzulegen

---

[14] Siehe hierzu Matthias Pöhlmann / Heiko Ehrhardt / Christian Ruch (2010), *Der Dan Brown-Code. Von Illuminaten, Freimaurern und inszenierten Verschwörungen*, EZW-Texte 207, Berlin: EZW.

[15] Felix Dachsel (2018), *Das geheime Dahinter*, DIE ZEIT v. 18.6.2018: www.zeit.de/kultur/2018–06/verschwoerungstheorien-politik-israel-afd.

oder aktiv zu bekämpfen. Seit den tödlichen Schüssen eines Reichsbürgers auf einen Polizisten im bayerischen Georgensgmünd im Oktober 2016 ist das Thema in den öffentlichen Fokus gerückt. Die deutschen Verfassungsschutzbehörden haben seither genauere Angaben zu den Reichsbürgern und ihren Hintergründen veröffentlicht.[16] Demnach ging man im September 2018 bundesweit von 19'000 Reichsbürgern aus, wovon 950 dem rechtsextremen Spektrum zuzurechnen und 940 im Besitz einer Waffenerlaubnis sind.

Im Wochenmagazin *Die Zeit* stand im Juni 2018 unter der Überschrift «Das große Dahinter»: «Ach, wie erleichternd, wenn aus dem Nichts plötzlich eine dunkle Erklärung auftaucht! Die Verschwörungstheorie ist zum mentalen Ausweg aus der Krise geworden.» Und weiter heißt es: «Die Verschwörungstheorie ist nicht mehr der Modus der Verrückten, die in der Fußgängerzone stehen und predigen, sie lässt sich nicht mehr an den Rand exotisieren. Sie ist mentaler Ausweg der Mitte, existiert im Kopf einflussreicher Publizisten, im Bundestag. Nicht nur bei der AfD.»[17]

In diesem Jahr sind zwei Erfahrungsberichte aus unterschiedlichen Milieus in Buchform erschienen. Sie geben Einblick in unterschiedliche, jedoch teils überlappende Szenen und zeigen auf, inwieweit dort der Verschwörungsglaube eine Rolle spielt.

Franziska Schreiber, ehemaliges Mitglied der rechtsextremen Partei AfD, hat ein Aussteigerbuch geschrieben.

---

[16] Bundesamt für Verfassungsschutz [Hg.] (2018), «*Reichsbürger» und «Selbstverwalter». Staatsfeinde, Geschäftemacher, Veschwörungstheoretiker*; www.verfassungsschutz.de/embed/broschuere-2018-12-reichsbuerger-und-selbstverwalter.pdf.

[17] Felix Dachsel (2018).

Darin rückt sie die Bedeutung von Verschwörungsdenken in dieser Partei in den Fokus. Sie schreibt:

> «Immer mal wieder sind mir in der AfD Verschwörungstheoretiker begegnet, die fest daran glaubten, dass der Plan einer bewussten ‹Umvolkung› umgesetzt worden ist bzw. wird. Am Anfang weniger, am Ende mehr. [...] Eine wachsende Zahl von Mitgliedern bekannte sich offen zu rechtsextremen oder vom Verfassungsschutz beobachteten Gruppen, sprach und demonstrierte mit ihnen, betrachtete Protestbewegungen wie Pegida und deren Ableger sowie die Identitäre Bewegung als außerparlamentarischer Arm der Partei und umwarb NPD-Mitglieder.»[18]

Beim zweiten Buch handelt es sich um einen Erfahrungsbericht. *Tobias Ginsburg* ist für mehrere Monate «undercover» in die Reichsbürgerszene eingetaucht und hat einen interessanten Erfahrungsbericht unter dem Titel «Reise ins Reich» veröffentlicht. Er kommt zum Ergebnis:

> «Die Verschwörungstheorien sind aus dem ideologischen Sumpfgebiet ausgebrochen, vom rechtsradikalen und verwirrten Rand rein in die Gesellschaft. Wo das Reich aufhört und das Bürgertum anfängt, ist manchmal schwer zu sagen. Das Reich ist eben groß. An manchen Ecken ist es exotisch und befremdlich, bewohnt von fundamentalistischen Esoterikern, die sich mitunter auf dem Gerippe einer hohlen Erde im Kampf gegen finstere Verschwörer glauben. Dann sind da Landstriche, die mir auf den ersten Blick vertraut erschienen. Wo man Globalisierungs- und Kapitalismuskritiker antrifft, Ökos und Alternative, die aber demselben Verschwörungsglauben verfallen sind und meinen, nicht regiert,

---

[18] Franziska Schreiber (2018), *Inside AfD. Der Bericht einer Aussteigerin*, München: Europa, 126–128.

sondern von internationalen Eliten verwaltet zu werden. Und schließlich sind da die Rechten: Die Neonazis, bei denen die Verschwörungstheorie des fremdgesteuerten Deutschland ihren Anfang genommen hat, aber auch Neu-Rechte, Rechtspopulisten und normale, ‹besorgte› Deutsche, die teils bewusst, teils unbewusst auf demselben ideologischen Boden wandeln.»[19]

3. Globalisierter Verschwörungsglaube

Heutiger Verschwörungsglaube ist globalisiert und digital vernetzt. Die Verbreitung erfolgt rasch und weltweit. Besonders in den USA nahmen und nehmen vielfältige Verschwörungsmythen ihren Ausgangspunkt.[20] Seit den Terrorattacken vom 11. September 2001 hat eine weitere «Krisen- und Verschwörungsepoche»[21] begonnen. Sie hat nicht nur politische, sondern offensichtlich auch geistige Ursachen. Vor kurzem erschien eine interessante Studie des US-Amerikaners Kurt Andersen mit dem Titel «Fantasyland – 500 Jahre Realitätsverlust». Darin spürt er den möglichen Gründen für das Aufkommen eines ausgeprägten Irrationalismus in den USA nach:[22]

---

[19] Tobias Ginsburg (2018), *Reise ins Reich. Unter Reichsbürgern*, Berlin: Das Neue Berlin, 12.
[20] Zu den Hintergründen: Michael Butter (2014), *Konspirationistisches Denken in den USA*, in: Andreas Anton, Michael Schetsche & Michael Walter [Hg.], *Konspiration. Soziologie des Verschwörungsdenkens*, Wiesbaden: Springer, 259–276.
[21] Wolfgang Wippermann (2010), *Top Secret. Die großen Verschwörungstheorien und was dahinter steckt*, Freiburg i. Br.: Herder.
[22] Kurt Andersen (2018), *Fantasyland. 500 Jahre Realitätsverlust*, München: Goldmann, 17.

«Wir Amerikaner glauben – und ich meine wirklich glauben – in größerem Maße als alle anderen ein oder zwei Milliarden Menschen der reichen Welt an das Übernatürliche und Rätselhafte, an die Präsenz Satans auf Erden, an Berichte über erst kürzlich gemachte Ausflüge in den oder aus dem Himmel und an eine mehrere tausend Jahre alte Geschichte von der spontanen Entstehung des Lebens vor mehreren tausend Jahren. [...] Wir glauben, dass die Regierung und ihre Mitverschwörer alle möglichen entsetzlichen Wahrheiten vor uns geheim halten – etwa was Mordanschläge betrifft oder Außerirdische, die Entstehung von Aids, die Anschläge des elften September, die Gefahren durch Impfstoffe und vieles mehr.»

Nach Auffassung von Andersen hat das 20. Jahrhundert gerade viel zu bieten: die Ermordung Kennedys und die Entstehung von abenteuerlichen Verschwörungstheorien, die New-Age-Apostel um Timothy Leary, die sich jeder Rationalität verweigern, der Aufstieg von Scientology – bis zum «ultimativen Phantasie-Industrie-Komplex» aus Film, Fernsehen, Werbung, Glücks- und Computerspielen. Der «Trump Moment» ist für Andersen eine logische Konsequenz des «Fantasylands»: «Zum Beispiel ist er [sc. Trump] voller Groll gegen das Establishment. Fachleute mag er nicht, weil sie sich einmischen, wenn er glaubt oder so tut, als wären Fiktionen Fakten, wenn er die Wahrheit *fühlt* – was schließlich sein gutes Recht ist als Amerikaner. Hinter allem sieht er eine Verschwörung. Er macht sich den Mythos von den Weißen als Rassismusopfer zunutze. Sein Fall des Kids-‹R›-Us-Syndroms ist extrem – er ist verzogen, impulsiv, launisch, ein siebzigjähriges Gör.»[23]

---

[23] Ebd., 671.

Die Offenheit für Verschwörungsglauben auch hierzulande kommt nicht von ungefähr: Seit den 1990er Jahren machte sich in den USA und in Europa die Angst vor einer zu starken «Welteinheitsregierung» breit. Das Ende der Sowjetunion und des Kommunismus, das mächtige Erstarken der USA vertieften den Eindruck, wonach die USA einen Hegemonialanspruch vertreten. Verantwortlich dafür war der Ruf von George W. Bush nach einer «Neuen Weltordnung». Die Golfkrise und der Irakkrieg der Vereinten Nationen ließ den Eindruck einer neuen supranationalen Regierung aufkommen. Hinzu kamen in den USA neue restriktive Schusswaffengesetze unter Bill Clinton. «Die Ängste vor einer schleichenden Regierungstyrannei beförderten das Entstehen von Verschwörungsmythen unter den verschiedenen sozialen Gruppen, die vor Bürokratie und wachsender Regulierung auf der Hut waren. Die zunehmende Geschwindigkeit des europäischen Einigungsprozesses, der 1993 im Vertrag von Maastricht seinen Ausdruck fand, schürte ähnliche Ängste vor einer bürokratischen Zentralregierung und dem Verlust der nationalen Souveränität in den europäischen Staaten.»[24]

Besonders die Gesetze der Clinton-Regierung zur Regulierung des Waffenbesitzes wurde von Bürgermilizen als ungerechtfertigte Maßnahme von oben empfunden. Dies beförderte in den Kreisen der Rechtsextremen eine Vielzahl von Verschwörungsmythen über verborgene Eliten, Geheimgesellschaften und international agierende Vereinigungen. Diese krude Mischung kulminierte in der paranoiden Behauptung, die Regierung würde Krieg

---

[24] Nicholas Goodrick-Clarke (2009), *Im Schatten der Schwarzen Sonne. Arische Kulte, Esoterischer Nationalsozialismus und die Politik der Abgrenzung,* Wiesbaden: Marix, 536.

gegen die eigene Bevölkerung führen. Man vermutete geheime Pläne, in denen Ufos, Freimaurer, AIDS, CIA-Gedankenkontrollexperimente bis hin zur Etablierung einer «Eine-Welt-Regierung» durch die Vereinten Nationen eine Rolle spielten. Anfang der 1990er Jahre erschienen in den USA eine Reihe verschwörungsmythischer Bücher. Dieser Sektor gewann auf dem Buchmarkt eine immer größere Bedeutung. Hinzu kamen einschlägige Magazine wie «The Free American» u. a. Die Verschwörungs-Subkultur konnte ihre kruden Vorstellungen schnell und effektiv über das Internet verbreiten.

Schon immer waren Verschwörungsmythen unter den US-amerikanischen Rechtsextremen verbreitet. Als besonders einflussreich erwiesen sich dabei zwei Verschwörungsmythen:

1. Illuminati

Nesta Webster (1876–1960), britische Verschwörungstheoretikerin, Faschistin und Antisemitin, schuf die paranoide Grundlage für die antiaufklärerischen Verschwörungsmythen: In deren Zentrum stand Websters Feindschaft gegen «die Juden». In ihnen erblickte sie den «Antichristen». Sie seien Satan dienstbar, um das Christentum zu unterminieren. Zu ihren Quellen zählten u. a. die obskuren und tatsächlich gefälschten «Protokolle der Weisen vom Zion». Zum anderen ging sie davon aus, dass die Ereignisse der Französischen Revolution allein auf den Einfluss der Illuminaten zurückzuführen seien, die die französische Freimaurerei unterwandert hätten.

Die bayerischen Illuminaten, gegründet von Adam Weishaupt (1748–1830), wurden 1786 verboten. Doch sie lebten in der kruden Fantasiewelt Websters weiter und gewannen in ihrem paranoiden Verschwörungssystem internationale Bedeutung und dabei besonders großen Einfluss auf die USA. Die Präsidenten Franklin, Jefferson u. a. sollen demgemäß Mitglieder eines Okkultordens gewesen sein: «Angeblich ist ihr Einfluss in den okkulten Symbolen der Pyramide und des Auges auf der Rückseite des Großen Siegels der Vereinigten Staaten und auf der Dollarnote zu erkennen, die ursprünglich von den Gründungsvätern entworfen worden war.»[25]

Durch die Verbreitung von Websters Büchern avancierten die Illuminaten in den 1960er Jahren in den USA zu einem Hauptthema amerikanischer Verschwörungsliteratur. Zwanzig Jahre später, in den 1980ern, wurden aus den Illuminaten gar überstaatliche «Insider», die alle Währungen und Regierungssysteme kontrollieren wollen.

Webster schuf letztlich eine Verknüpfung von illuminatischem und antisemitischen Narrativ des Verschwörungsglaubens. Diese Kombination sollte im 20. Jahrhundert besonders einflussreich werden.

2. «Die Neue Weltordnung»

Des Griffin, ein christlich-fundamentalistischer Autor, ist ein weiterer Repräsentant des Verschwörungsglaubens.[26] Er fabuliert von einer neuen satanischen Weltordnung, die von Illuminaten und Freimaurern geführt werde. Des Griffin glaubt an geheime Einflüsse der Rothschild-Familie auf das politische und wirtschaftliche Weltgeschehen. Die sogenannten Bilderberger sind für ihn ebenfalls eine gefährliche, einflussreiche Gruppe, weil sie eine «Weltdiktatur» anstreb-

---

[25] Goodrick-Clarke (2009), 541.
[26] Des Griffin (1996) *Wer regiert die Welt?*, Düsseldorf: Lebenskunde; ders. *Die Herrscher: Luzifers 5. Kolonne*, Wiesbaden: VAP.

ten. Maßgeblichen Einfluss für das konspirologische Narrativ einer neuen Weltordnung hatte der US-amerikanische Radiojournalist und Verschwörungstheoretiker Milton William Cooper (1943–2001). Er fügte eine ufologische Variante hinzu. In seinem Buch «Sieh dort, ein weißes Pferd: Kriegserklärung der Illuminaten an die Bürger der USA» entwirft er ein Horrorszenario: Ziel der Illuminaten sei es, mithilfe der Computertechnologie und des Finanzwesens eine total manipulierbare Gesellschaft zu schaffen: «Cooper glaubt, dass die meisten modernen Geheimgesellschaften in Wirklichkeit nur eine einzige Gesellschaft mit einem einzigen Ziel sind. [...] Coopers obsessive Analyse dieser teils real existierenden, teils imaginären Gruppen häuft eine Menge von Details an, welche die schreckliche Macht der untereinander verwobenen Eliten auf der ganzen Welt verdeutlichen sollen.»[27] Ufos und Aliens tauchen in Coopers Spekulationen immer wieder auf. Sie werden als Teil einer Illuminatenverschwörung gedeutet, wonach diese Geheimgesellschaft die Ufos als Mär verbreitet hätten, um die Menschheit zu ängstigen. Später modifizierte Cooper die These dahingehend, dass die Außerirdischen existierten und sie von der Geheimgesellschaft zu Manipulationszwecken eingesetzt würden. Welche Ziele verfolgen Verschwörungsgläubige wie Cooper? Sie kämpfen gegen die Elite, das Establishment: «Indem die Verschwörungstheoretiker der geheimen herrschenden Elite den Krieg erklären, erschaffen sie eine tödliche Projektion. Die Elite wird als totalitär, antidemokratisch und voller Verachtung gegenüber dem Volk beschrieben, und das Volk wird als hilfloses gutgläubiges Opfer von furchtbaren Plänen, Entführungen durch Außer-

---

[27] Goodrick-Clarke (2009), 545.

irdische, Implantierungen und allen Arten persönlicher Verletzungen gezeichnet. Die Anklage einer solch schrecklichen okkulten Tyrannei rechtfertigt einen Ausbruch von Gewalt, durch die allein das riesige Gebäude aus Lüge, Täuschung und Unterdrückung zerstört werden kann. Die zuvor fügsam gewesenen Opfer werden entschuldigt, wenn sie nun die Elite mit jedem notwendig erscheinenden Mittel angreifen und vernichten. Geheime Aktionen, Gewalt, Terrorismus – allesamt Mittel, deren Benutzung die Elite angeklagt wird – sind ebenfalls Opfern erlaubt, sodass sie die Verschwörer auslöschen und ihre verlorene Autonomie wiedererlangen können.»[28]

Solche Verschwörungsmythen gedeihen dann besonders, wenn Menschen sich von Entscheidungsprozessen ausgeschlossen fühlen. Begünstigt wird dieses Weltempfinden durch die weltweite Zunahme von Überregierungen, den Aufstieg der politischen Klasse und die wachsende Distanz zwischen Wählern und Gewählten. Der US-amerikanische Verschwörungsglaube mit diesen Narrativen wurde besonders in Deutschland gläubig aufgenommen.[29] Im Kontext rechtspopulistischer und rechtsesoterischer Überzeugungen findet er überzeugte Anhänger.

---

[28] Ebd., 549.
[29] Ebd., 555.

4. Verschwörungsglaube als Herausforderung

Im «Handbuch Weltanschauungen, Religiöse Gemeinschaften, Freikirchen» werden in der Rubrik «Braune Esoterik» auch Verschwörungstheorien genannt:[30]

> «Verschwörungstheorien wollen komplexe gesellschaftliche Vorgänge auf ein einfaches Schema reduzieren und damit erklärbar machen. Alles Übel wird auf den geheimen Einfluss verborgener Drahtzieher zurückgeführt. Sie teilen die Menschheit in drei Kategorien ein:
>
> 1. Die Verschwörer, die im Hintergrund angeblich die Fäden ziehen, seien Freimaurer, Juden, das Finanzkapital, die Pharmaindustrie, die Psychiater usw. Sie manipulieren angeblich über die Medien und die Regierungen die öffentliche Meinung, der deshalb grundsätzlich zu misstrauen sei.
> 2. Die Unwissenden, die von den Verschwörern angeblich systematisch getäuscht würden, sei die Masse der Bevölkerung.
> 3. Die Wissenden, die die Verschwörung durchschaut haben, seien der Verschwörungstheoretiker und seine engsten Freunde, die dafür hart verfolgt würden.
>
> Verschwörungstheorien sind **hyperrational**: Sie unterstellen eine lückenlose Logik und Geschlossenheit hinter allem Geschehen. Es gibt keinen Zufall und kein Paradox, sondern nur die geheimen Interessen der Verschwörer.

---

[30] Matthias Pöhlmann / Christine Jahn [Hg.] (2015), *Handbuch Weltanschauungen, Religiöse Gemeinschaften, Freikirchen*, Gütersloh: Gütersloher Verlagshaus, 620f (Hervorhebungen im unten zitierten Text ebd.).

Verschwörungstheorien sind **attraktiv**, weil sie entlasten. Sie machen eine unverständliche Welt (scheinbar) erklärbar und zeigen: nicht ich bin schuld an den Verhältnissen, sondern die skrupellosen Verschwörer.

Verschwörungstheorien sind auf **schnelle Verbreitung** hin angelegt, womit sie ein publizistisches Klima des Misstrauens und des Verdachts schaffen.

Verschwörungstheorien sind **selbstimmunisierend**: Jedes Argument dagegen zeigt, dass, wer es vorbringt, entweder zu den unwissenden Getäuschten oder gar selbst zu den Verschwörern gehört, die eine Aufdeckung verhindern wollen.

Verschwörungstheorien **verallgemeinern**: Es gibt keine Unterscheidung zwischen schlimmen und weniger schlimmen Verschwörern. Alle zur Gruppe der Verschwörer Gezählten haben den gleichen Anteil an der bewussten Bosheit ihrer Anführer.

Verschwörungstheorien sind **gefährlich**, weil ihre verzerrte Sicht der Wirklichkeit Opfer fordert: Sie konstruieren einen Sündenbock. Alle Wut und alle Probleme werden auf die angeblichen Verschwörer projiziert. Das kann schnell Pogromstimmung erzeugen und in mörderische Gewalt umkippen (z. B. Hexenjagd, Judenverfolgung).»

4.1 Verschwörungsglaube als defizitäre, säkularisierte Theologie

Der postmoderne Verschwörungsglaube speist sich aus alten religiösen Vorstellungen wie Gnostizismus, Marcionismus, Manichäismus und anderen «häretischen» Strömungen im Umfeld des frühen Christentums. Sie gingen davon aus, dass die Menschen Knechte eines bösen, geringen Gottes seien, der die Materie und das niedere

Reich geschaffen habe. Nur die Intervention eines wohlgestimmten, barmherzigen Gottes könne den Menschen in die Lage versetzen, Befreiung und damit Erlösung zu erlangen. Letztlich gingen diese Vorstellungen von einer dualistischen Weltsicht aus: Das Böse existiert. Leid, alle Unordnung und Kampf beweisen es. Im Verschwörungsglauben erlebt diese Weltsicht am Anfang des 21. Jahrhunderts eine neue Konjunktur, inmitten derer, die sich zu den von der Globalisierung Verängstigten, Frustrierten und Abgehängten zählen. Verschwörungstheorien nehmen starke Fremd- und Selbstzuschreibungen vor. Zum einen werden diejenigen, die an die Verschwörungstheorie glauben, also die eigene Gruppe, positiv hervorgehoben, und gleichzeitig wird einer anderen Gruppe die Schuld zugewiesen an allem Übel, das in der Welt oder einem Land passiert. Dabei ist eine «Sündenbock»-Funktion, die auch bei religiösen Erklärungsmustern immer wieder da ist, ganz stark ausgeprägt.

Heutiger Verschwörungsglaube trägt deutlich Züge einer säkularen Weltanschauung, er übernimmt im Denken seiner Anhänger die Funktion einer «Theologie» ohne Gott. Man kann sogar sagen: Es handelt sich um eine schlecht säkularisierte Theologie bzw. um eine Säkularisierung des Theodizee-Problems: Im Mittelpunkt heutigen Verschwörungsglaubens steht nicht mehr die Frage «Warum lässt *Gott* das zu?», sondern «Warum widerfährt *mir* das?» Darin äußert sich eine gefühlte Weltwahrnehmung, in der der einzelne sich als Spielball innerweltlicher Mächte begreift.

Ein Gott, der als abwesend, strafend oder das Böse selbst erleidend geglaubt wird, ist aus dem Deute-Horizont verschwunden. Die Frage «unde malum?» (Woher kommt das Böse?) beantwortet heutiger Verschwörungsglaube mit Verweis auf rein innerweltliche Größen: Die wahrhaft Wissenden billigen den Verschwörern, Einzelnen und Personengruppen, böse übermenschliche, quasigöttliche Eigenschaften zu. Darin zeigt sich im heutigen Verschwörungsglauben ein gängiges gnostisches Motiv, wonach die materielle Welt von bösen Mächten beherrscht werde. Dieses Motiv hat sich trotz Aufklärung und Säkularisierung in neugnostischen Bewegungen und Strömungen bis heute erhalten. Und es hat auch Eingang in den Verschwörungsglauben unserer Tage gefunden:

> «Ab dem 19. Jahrhundert breiteten sich esoterische ‹Geheimwissenschaften› aus, und an die Stelle von Engeln und Dämonen traten zunehmend Geheimbünde und Außerirdische als vermeintlich weltbestimmende Mächte. In heute populären Serien, Filmen und Büchern wie ‹Akte X› (1993– 2002), ‹Matrix› (1999) und ‹Da Vinci Code – Sakrileg› (2003) glauben nur noch naive oder böse Charaktere an das Glück in der Welt; die eigentlichen Helden erkennen durch das Entziffern von Hinweisen die vorgegebene Realität als verschwörerische Lüge.»[31]

Verschwörungstheorien versuchen auf ihre Weise, den Ursprung des Bösen in der Welt zu erklären: «Why do bad things happen to good people?» Bis ins Mittelalter und in die frühe Neuzeit hinein waren die Antworten mindestens teilweise religiös (oder abergläubisch) begründet, seit der Französischen Revolution eher säkular: Es sind Menschen und nicht mehr übermenschliche Mächte, die die geheimen Drahtzieher des Weltgeschehens sein sollen.

Lutz Lemhöfer urteilt: «Der schwindende Einfluss der Kirchen setzt leider nicht nur humane Rationalität frei –

---

[31] Blume (2016), 26.

wie manche Säkularisierungs-Theoretiker hofften –, sondern auch dumpfen Aberglauben, der sich dem bisweilen wohltätig disziplinierenden Rahmen volkskirchlicher Tradition entzieht. Wer nicht mehr kirchlich glaubt, glaubt in vielen Fällen eben nicht an nichts, sondern an alles Mögliche. Leider auch an Verschwörungstheorien.»[32]

4.2 Verschwörungsglaube als «pathologischer Dualismus»

Der britische Oberrabbiner *Jonathan Sacks* bezeichnete in seinem Buch «Not in God's Name – Confronting Religious Violence»[33], das sich mit den Gefahren des religiös begründeten Extremismus befasst, den daraus entstehenden Verschwörungsglauben als «pathologischen Dualismus»: Dem scheinbar schwachen Guten werde ein scheinbar starkes Böses gegenübergestellt – und dieses auf konkrete, schließlich zu bekämpfende Menschengruppen bezogen. Dieser «falsche Glaube» sei religiös uralt und könne auch monotheistische Religionen wie Judentum, Christentum und Islam befallen und diese radikalisieren.

Wenn sich Verschwörungsgläubige exklusiv verstehen, dann erfahren sie damit eine ungeahnte Ich-Aufwertung. Wenn man weiß, wogegen man ist, dann weiß man, wer man ist – so die trügerische Illusion. Man avanciert zum Experten und ergeht sich in Monologen über vermeintliche Verschwörungen im Kleinen wie im Großen.

---

[32] Lutz Lemhöfer (2004), *Reiz und Risiko von Verschwörungstheorien. Verschwörungen und kein Ende*, in: Matthias Pöhlmann (Hg.), *Traue niemandem! Verschwörungstheorien, Geheimwissen, Neomythen*, EZW-Texte 177, Berlin: EZW, 19–32, 32.
[33] Sacks (2015).

4.3 Verschwörungsglaube als gnostischer Exklusivismus

Die Gnosis, wörtlich übersetzt, «das Wissen» oder «die höhere Erkenntnis», bezeichnet einen bereits in der Antike aufkommenden Typ von Religion, der einen eigentümlichen Mythos zum höheren Wissen, zur heiligen Erkenntnis und absoluten Wahrheit erklärte. Geprägt ist die Gnosis von einem Dualismus. So wird deutlich zwischen göttlichem Licht und der teuflischen Finsternis, zwischen Erkenntnis und Nicht-Erkenntnis unterschieden. Verschwörungsgläubige grenzen sich bewusst von den in Unkenntnis Gehaltenen, den Nichtwissenden ab. Die Grundüberzeugung der «Wissenden» wird bei den «Reichsbürgern» beispielsweise so umschrieben:

> «Wir sind die Aufgewachten. Die da draußen schlafen tief und fest. Das sind die ‹Schlafschafe›. Sheople auf Englisch, die dummen, gutgläubigen Schafsmenschen, die nicht sehen wollen oder können. Und dann sind da natürlich noch die Verschwörer selbst, die mächtigen Drahtzieher und ihre Lakaien. Denen müssen wir die Stirn bieten, wir Wenigen. Wir, die wachen, wahren Deutschen.»[34]

Ein besonderes Merkmal ist das exklusive Denken: Verschwörungsgläubige zählen sich zu einer Elite, sie halten sich für «Aufgewachte», die die Zusammenhänge durchschauen und den vermeintlichen Gegner genau zu identifizieren meinen. Der gnostische Mythos, Teil einer kleinen, vermeintlich erkennenden Elite zu sein, die sich über den naiven Mainstream hinaus gegen die Superverschwörer erhebt, vermag kurze Zeiten der Spannung und Gemeinschaft unter Gleichgesinnten zu stiften, jedoch kaum

---

[34] Ginsburg (2018), 22.

ein dauerhaft gelingendes und glückliches Leben. Auch autoritäre Regimes, die auf Rückschläge und Fehler statt mit Selbstkritik und Reformen stets mit neuen Verschwörungsvorwürfen antworten, mögen damit ihre Macht zwar zeitweise festigen, richten ihre Gesellschaften jedoch auf Dauer zugrunde.

Dahinter steckt der Eindruck: Es kann doch kein Zufall sein! Hinter allem muss doch ein Plan zu erkennen sein. Verschwörungstheorien stellen einen imaginären Zusammenhang zwischen unterschiedlichsten Geschehnissen und Ereignissen dar. Sie vermuten einen geheimnisvollen Zusammenhang hinter den Dingen, in dem wenige Personen (oder eine Gruppe) als geheime Drahtzieher auftreten. Formal gesehen reicht ihr Spektrum von vermeintlichem Alltagswissen bis zu ausgefeilten pseudowissenschaftlichen Konstrukten. Sie können sich mit einem magischen Weltbild verbinden (Hexen und Hexenzauber als Ursache von Krankheiten und Missetaten), mit einem religiösen Stereotyp (Juden als «geborene Feinde» der Christen) oder mit säkularisiertem Denken (innerweltliche Geheimbünde wie die Freimaurer als Drahtzieher des Weltgeschehens). Immer jedoch fußen sie auf einem dualistischen Weltbild und versprechen eine Antwort auf die Frage nach dem Ursprung des Bösen in der Welt (Theodizee). Von Glaubensaussagen unterscheiden sie sich durch ihren Anspruch, Störungen der göttlichen und/oder gerechten Ordnung als Resultat zielgerichteten, planvollen Handelns zu erklären und Zufall und Kontingenz auszuschalten. Der Historiker Rudolf Jaworski betrachtet Verschwörungstheorien als «in Regie genommene Ängste innerhalb einer Gesellschaft oder einer bestimmten Bezugsgruppe»:

«Verschwörungstheorien wollen Vorhandenes, aber Geheimgehaltenes ans Tageslicht befördern und richten. Verschwörungstheoretiker treten insofern als Anwälte einer hinters Licht geführten Öffentlichkeit auf. Sie versprechen, die fraglichen Verschwörer bzw. ganze Verschwörungskoalitionen, die verdeckt ihre eigennützigen Machtinteressen verfolgen und sich damit der öffentlichen Kontrolle entziehen, vor aller Welt bloßzustellen. Sie entzünden sich vorzugsweise an Personengruppen und an Vereinigungen, von deren Innenleben die Allgemeinheit – einschließlich der Verschwörungstheoretiker – keine genaue Vorstellungen besitzt: Minderheiten wie Juden, Orden wie die Templer und Jesuiten, Geheimbünde wie die Freimaurer, Kaderparteien wie die Kommunisten und Geheimdienste wie der KGB und die CIA geben aufgrund undurchsichtiger Organisationsformen, unverständlicher Rituale und Symbole Anlass zu wildesten Spekulationen.»[35]

Bereits in der antiken Gnosis gibt es antijüdische Tendenzen. Demnach werden alle als seelenlos charakterisiert, die der Welt verfallen sind und sich nicht der höheren Erkenntnis öffnen: «Betroffen waren bereits in der Antike die Juden. Dies vor allem, weil nach ihrem Schöpfungsbericht (Gen 1,1) diese Welt keine teuflische Vermischung, sondern ein Werk ihres Gottes und deshalb gut war. Mehrere gnostische Systeme münzten daher den jüdischen Jahwe zum Herrscher der Finsternis um – und sein Volk zu dessen Dienern. Als der Finsternis verfallen galten des

---

[35] Rudolf Jaworski (2004), *Verschwörungstheorien aus historischer und psychologischer Sicht,* in: Matthias Pöhlmann (Hg.), *Traue niemandem! Geheimwissen, Verschwörungstheorien, Neomythen,* EZW-Texte 177, Berlin: EZW, 33–51, 48f.

Weiteren die Mächtigen der Welt und tendenziell auch die Frauen.»[36]

4.4 Missionarischer Verschwörungsglaube im digitalen Zeitalter

Verschwörungsglaube war und ist auf Verbreitung hin angelegt. «Aber gerade in Zeiten der Globalisierung und des Internets, in denen es zunehmend schwierig erscheint, viele Prozesse überhaupt noch zu beeinflussen, bleibt ihr Insistieren auf uneingeschränkter menschlicher Handlungsmacht natürlich attraktiv.»[37]

Waren es früher Druckerzeugnisse, so sind es heute die digitalen Medien, die eine kurzfristige, schnelle und sehr große Verbreitung ermöglichen. Mitunter werden sie global relevant. Hinzu kommt ein weiterer Aspekt: die Wirkmächtigkeit und innere Logik irrationaler Weltdeutung. Stellt jemand eine Verschwörungstheorie auf, so benötigen ein Dutzend Wissenschaftler/innen mehrere Monate Zeit, um die in der Verschwörungstheorie aufgestellten Behauptungen zu widerlegen.

Verschwörungstheorien sind heute viel leichter zugänglich. Insofern ist es im Vergleich zu früher viel einfacher geworden, Verschwörungsgläubiger zu werden. In einer digitalisierten und vernetzten Welt kann Verschwörungsglaube schnell, effektiv und weit kolportiert werden. Hierzu dienen Video- und Internetportale und Videokanäle sowie individuelle Mails und Postings in sozialen Netzwerken. Digitale Echokammern ermöglichen die per-

---

[36] Harald Strohm (1997), *Die Gnosis und der Nationalsozialismus*, Frankfurt a. M.: Suhrkamp, 36.
[37] Michael Butter (2018), 108.

manente Selbstbestätigung für eine verschwörungsgläubige Weltwahrnehmung. Zum anderen ermöglichen Medien wie das Internet einen kontrollfreien Raum für die Verbreitung konspirologischer Narrative. Es gestattet aber auch Gemeinschaftsbildung: Innerhalb einer weitgehend anonymisierten Community bestärkt man sich gegenseitig im Verschwörungsglauben. Auch um fiktionale Stoffe herum bilden sich verschwörungsgläubige Anhängerkreise Ein typisches Beispiel für einen inszenierten Verschwörungsglauben in Farbe ist der Film «Zeitgeist» im Internet.[38]

Verschwörungsgläubige entwickeln im persönlichen Umfeld wie in digitalen Welten enormen missionarischen Aktionismus. Im Empfinden und Denken überzeugter Verschwörungsgläubiger werden mögliche Leerstellen bei Erklärungen schnell durch immer neue Verschwörungstheorien gefüllt. Sie dienen der Selbstbestätigung.

Verschwörungsglaube lässt sich nicht so schnell erschüttern. Er gleicht in vielem fundamentalistischen Glaubenshaltungen. Der Verschwörungsglaube nimmt eine umfassende Welterklärung vor, er wird zur Weltanschauung, die *entweder an die Stelle von Religion tritt* bzw. deren Funktion übernimmt *oder aber sich innerhalb religiöser Systeme anlagern kann*.

---

[38] Christian Ruch (2010), «Zeitgeist – Der Film». Eine neue Blüte im Sumpf der Verschwörungstheorien, in: Materialdienst der EZW 10, 381–385.

5. Die zweifache Aufgabe: theologische Ideologiekritik und Beratung/Seelsorge

Der Religionswissenschaftler Michael Blume kommt zu der Einschätzung: «... letztlich handelt es sich bei der eskalierenden Angst vor der vermeintlich weltbestimmenden Macht übermenschlicher Superverschwörer um nicht weniger als einen fehlgehenden religiösen Glauben im klassisch-gnostischen oder pseudo-säkularisierten Gewand. Ob und wie freiheitliche Gesellschaften diesen erneuten Ansturm überstehen, wird vor allem von ihrer Bildungsarbeit und der Bereitschaft kirchlicher und religiöser Akteure abhängen, einerseits den Dialog mit Verschwörungsglaubenden (auch innerhalb der eigenen Gemeinden!) zu suchen und dabei andererseits die Geister klar zu scheiden.»[39]

Aus evangelisch-theologischer Sicht muss in der Auseinandersetzung mit dem heutigen Verschwörungsglauben eine zweifache Aufgabe bewältigt werden: eine *religiös-weltanschaulich-aufklärende, ideologiekritische* sowie eine *zutiefst seelsorgerliche* – um der im Verschwörungsglauben gefangenen Menschen und ihrer Angehörigen willen.

In einem Interview hat sich der Amerikanist und Verschwörungstheorie-Forscher Michael Butter dahingehend geäußert, dass die Kirchen nicht mehr genügend auskunftsfähig für letzte Sinndeutungen seien: «Meine Vermutung ist, dass die Kirche sich in Deutschland dahingehend entwickelt hat, dass sie nicht mehr den Anspruch erhebt, auf alles die eindeutigsten Antworten geben zu können und zu sagen ‹Wir können das beweisen!›. Sondern man stellt den Glauben in den Vordergrund und sagt

---

[39] Michael Blume (2016), 29.

‹Die Welt ist eben kompliziert.› Verschwörungstheorien funktionieren in dieser Hinsicht anders und fangen damit ein gewisses Potenzial auf, das die traditionellen Kirchen nicht mehr bedienen können.»[40]

Für kirchlich-theologisches Denken ist es hilfreich, solche Wahrnehmungen selbstkritisch zu prüfen. Führt die Selbstrelativierung kirchlich-theologischen Redens zu einer Sprachlosigkeit gerade in diesem Bereich? Was haben Kirche und Theologie zum Theodizee-Problem zu sagen? Wo taucht es in theologischer Forschung auf?[41] Wie wird das Thema in Verkündigung, Bildung und Publizistik vermittelt?

Der Verschwörungsglaube trägt Züge einer säkularen Ideologie. Darin spiegeln sich «das Welt- und Selbstverständnis und das Wertesystem von einzelnen Menschen oder ganzen Gesellschaften».[42]

Herkömmlich werden Ideologien so definiert:

> «Ideologien sind identitätsstiftende Ideensysteme, die Wert- und Handlungsorientierungen prägen. Der Begriff ist bis heute mehrdeutig und vielschichtig. Er wird deskriptiv

---

[40] Michael Butter (2018a) *im Interview mit Matthias Vorndran*, in: ARD-Faktenfinder vom 09.08., www.tagesschau.de/faktenfinder/hintergrund/verschwoerungstheorien-religion-101.html.

[41] Zum Beispiel Ulrich H. J. Körtner (2018), *Dogmatik* (LETh 5), Leipzig: EVA, 396: «Wenn die biblische Tradition von den dunklen Seiten Gottes erzählt, so will sie damit – diesseits von Gut und Böse, und das heißt am Ort unserer konkreten bedrängenden Lebenserfahrungen! – die tröstliche Gewissheit zum Ausdruck bringen, dass kein Bereich unserer Wirklichkeit von Gott getrennt, Gott also keinem Menschen fern ist, auch wenn es immer wieder den Anschein hat.»

[42] Karl Hepfer (2015), 119.

und negativ-wertend gebraucht. Nebeneinander stehen seine sozialkritische und seine erkenntniskritische Verwendung. Die Unbestimmtheit des Begriffs wird auch in seiner Geschichte deutlich. Die im deutschen Sprachgebrauch vorherrschende negativ-wertende Bedeutung sagt aus, dass Ideologien zur Verabsolutierung des Partiellen neigen, dass sie Vorurteile und Ressentiments durch einseitige Wahrnehmungsmuster fördern, dass sie illusionäre und realitätsferne Weltdeutungen propagieren.»[43]

Theologische Ideologiekritik hat bei dem Anspruch des Verschwörungsglaubens, die ganze Wirklichkeit konspirologisch als wahr erfassen und deuten zu können, anzusetzen. Gegen den Totalitätsanspruch eines Verschwörungsglaubens besteht die ideologiekritische Aufgabe von Kirche und Theologie in der Götzenkritik des Ersten Gebotes und daran anschließend in der fundamentalen Unterscheidung zwischen Gott und Welt. Christlicher Glaube sieht in allen Menschen das Ebenbild Gottes. Er widerspricht einer Ideologie der Ungleichheit und betont die Universalität der Menschenrechte. Die Verschwörungsideologie steht in der Gefahr der Vergöttlichung des Inner-Weltlichen: Der «Feind» wird allmächtig und ist unsichtbar omnipräsent. Diese Weltsicht steht dem christlichen Glauben entgegen. Sie beruht auf Täuschung und endet in Enttäuschung.

Der theologische Auftrag besteht darin, das kritische Bewusstsein gegenüber Ideologien wach zu halten. Gefragt ist religiös-weltanschauliche Aufklärung! Hier hat eine verantwortliche Theologie eine ideologiekritische

---

[43] Reinhard Hempelmann (2018), *Art. «Ideologien / Ideologiekritik»*, in: *EZW-Lexikon*: www.ezw-berlin.de/html/3_9938.php.

Funktion in der Auseinandersetzung mit den Geistesmächten der Gegenwart, d. h. Ideologien als solche wahrzunehmen, ihre Elemente zu «entlarven» und aufklärendes Handeln zu ermöglichen. Gerade bei antisemitischen und antidemokratischen Stereotypen braucht es auch Mut zu Abgrenzungen. Eine zentrale Frage ist: Wie steht es um das Verhältnis von Verschwörungsgläubigen zu Gewalt und Hass? Kann sich das Wut- und Frustpotenzial in Gewalt gegenüber Menschen entladen? Führt dies im Einzelfall, etwa bei Impfverweigerung und Ablehnung fachärztlicher Hilfe, zu schwerwiegenden, tödlichen Folgen?

Es stellt sich die Frage, wie das Gespräch mit Verschwörungsgläubigen gesucht und inhaltlich geführt werden soll. An dieser Stelle möchte ich noch einmal auf den Aussteigerbericht Franziska Schreibers aus der AfD verweisen. Was ermöglichte der jungen Frau den Ausstieg aus der sich digital-radikalisierenden und sektiererischen Verschwörungsszene? Als Berater in Sekten- und Weltanschauungsfragen fällt mir die verblüffende Übereinstimmung mit anderen radikalisierten Gruppen auf: Dabei spielen Bildung und Sozialkontakte eine wichtige Rolle.

«Durch Lesen und Bildung hat sich die Aussteigerin einen Fundus an liberalen Überzeugungen bewahren können. Und auch wenn ihre Familie den Rechtsdrall entschieden ablehnt, so halten sie doch Kontakt zu ihr, ebenso einige wenige Freundinnen und Freunde. Das JA-[d.i. Junge Alternative. Die Jugendorganisation der AfD] und AfD-Umfeld kann Franziska Schreiber also nicht völlig isolieren und der Verlust der sozialen Beziehungen innerhalb der Verschwörungsgläubigen als vermeintliche ‹Verräterin› kann durch die Liebe und Freundschaft vernünftiger Menschen aufgefangen werden. Vielen Liberalen und gemäßigten Rechten gelingt so noch der Ausstieg, während neues Personal aus offen rechtsextremen Gruppierungen in die Partei strömt.»[44]

Immerhin brauchte sie zwei Jahre, bis sie erkannte, dass sie aus dem sektiererischen Verschwörungsglauben aussteigen musste. Sie durchschaute die Verblendung, der sie ausgesetzt war. Ihr Blick war heller, die Angst verschwunden: «Heute gibt es keine Alternative mehr; heute will ich bleiben, wo ich bin, in Deutschland, das jetzt wieder viel klarer, heller und schöner ist.»[45]

Für das Gespräch und die Auseinandersetzung mit Verschwörungsgläubigen scheint es kein Patentrezept zu geben. Zielführend scheint mit zu sein, zu sondieren, welche Ängste und/oder Motive sich beim Einzelnen hinter dem Verschwörungsglauben verbergen. Hier bedarf es einer genauen Analyse, insbesondere dahingehend, ob es sich um paranoide Erscheinungsformen handelt. Beide Aspekte sind m. E. gut zu trennen, aber im Einzelfall auch aufeinander zu beziehen. Wesentliche gesamtgesellschaftliche Ursachen für die Genese und Verbreitung heutigen Verschwörungsglaubens stellt zum einen das «generelle Misstrauen von Teilen der Bevölkerung gegenüber Rechtschaffenheit und demokratischer Einstellung politischer, wirtschaftlicher und militärischer Machteliten»

---

[44] Siehe Michael Blume (2018), *Inside Afd von Franziska Schreiber – Über die Gefahren digitaler Radikalisierung*; https://scilogs.spektrum.de/natur-des-glaubens/inside-afd-von-franziska-schreiber-ueber-die-gefahren-digitaler-radikalisierung/.
[45] Franziska Schreiber (2018), 209.

dar, zum anderen «die Verringerung des individuell empfundenen gesellschaftspolitischen Handlungsdrucks».[46]

Wichtige Zielgruppe für die religiös-weltanschauliche Aufklärung sind die Unentschlossenen, die Wankelmütigen, die Zweifelnden, Verunsicherten: Sie sind noch in der Lage, Argumenten gegenüber offen zu sein. Mit Verschwörungsfundamentalisten zu diskutieren, ist weitaus schwieriger, mitunter ein nahezu hoffnungs- wie aussichtsloses Unterfangen. Dabei besteht durchaus die Gefahr, dass – wie empirische Studien gezeigt haben – bei solchen Diskussionen und Versuchen zur Widerlegung Verschwörungsgläubige in ihrem Glauben noch bestärkt werden können.[47] Andernfalls – so die Befürchtung von Verschwörungsgläubigen – könnte das Selbstbild, mit dem der individuelle Verschwörungsglaube steht und fällt, ins Wanken geraten.

Im Einzelfall muss der/die einzelne Berater/-in entscheiden, wie viel Zeit, Kraft und Geduld er/sie in die Diskussion oder das Gespräch einbringen kann und möchte. Wichtig ist es m. E., sich selbst zu schützen, insbesondere wenn der Redefluss des Gegenübers nicht mehr zu stoppen ist und sich ein Verschwörungsmythos an den anderen reiht. Hier dürfen Sie und sollten Sie ehrlich und deutlich intervenieren: «So viele Dinge auf einmal kann ich gar nicht aufnehmen!»

Der Verschwörungsglaube in seinen vielfältigen, kruden und problematischen Erscheinungsformen sollte eines jedenfalls nicht erreichen: uns sprach- und hilflos machen.

---

[46] Andreas Anton, Michael Schetsche & Michael K. Walter [Hg.] (2014a), 17–18.
[47] Butter (2018), 227.

Den Fake erkennen
Eine Handreichung für Unterricht und Erwachsenenbildung

Christian Metzenthin und Jasmin Schneider

Verschwörungstheorien und Fake News sind en vogue, ihre Thematisierung stößt auf Interesse und löst auch viele Fragen und Diskussionen aus. In diesem Beitrag wollen wir aus unserer Unterrichts- bzw. Beratungspraxis Hilfestellung zur Thematisierung von Fake News und Verschwörungstheorien in Unterricht und Erwachsenenbildung geben. Dazu werden wir einerseits Vorschläge für mögliche Themen und Vorgehen unterbreiten, andererseits werden wir verschiedene Materialien und Medien im Themenbereich Fake News und Verschwörungstheorien vorstellen. Fallstudien, anhand derer die Thematik vertieft werden kann, runden den Artikel ab.

Verschwörungstheorien und Fake News werden oft zusammen genannt und manchmal auch durcheinandergebracht, daher ist sowohl eine klare Definition der beiden Begriffe wie auch ein Auseinanderhalten der beiden Phänomene unerlässlich.

Was sind Fake News?

Der Begriff «Fake News» wird auf ganz unterschiedliche Arten gebraucht. Insbesondere im Umfeld des jetzigen US-Präsidenten Donald Trump wurde «Fake News» zu einem Kampfbegriff gegen missliebige Medien. Umso wichtiger ist eine saubere Begriffsklärung. Das Handbuch «Fake News» unterscheidet dabei folgende Phänomene:[1]

- Gezielte Falschmeldungen, die in manipulativer Absicht verbreitet werden,
- Urban Legends, Großstadtmythen, die oft mit vagen Herkunftsangaben erzählt werden,
- Parodien, die zwar wie die gezielten Falschmeldungen komplett erfunden sind, aber darauf angelegt, dass dies erkannt wird,
- Hybrid-Fakes, d. h. Nachrichten mit wahrem Kern, aber gefälschtem Dreh, deren Manipulation oft schwierig zu erkennen ist,
- Fakes im Sinne von gefälschten oder frisierten Daten, die schließlich auch im Wissenschaftsbetrieb immer wieder vorkommen.

Was sind Verschwörungstheorien?

Der Amerikanist Michael Butter definiert Verschwörungstheorien wie folgt:[2]

«Verschwörungstheorien behaupten, dass eine im Geheimen operierende Gruppe, nämlich die Verschwörer, aus niederen Beweggründen versucht, eine Institution, ein Land oder die ganze Welt zu kontrollieren oder zu zerstören.»

---

[1] Armin Himmelrath/Julia Egbers (2018), *Fake News. Ein Handbuch für Schule und Unterricht,* Bern: hep-Verlag, S. 14–50.

[2] Michael Butter (2017), *«Nichts ist, wie es scheint». Über Verschwörungstheorien,* Frankfurt a. M.: Suhrkamp.

Verschwörungstheorien werden gerne als der große Bruder der Fake News bezeichnet, sie sind jedoch von gezielten Falschmeldungen zu unterscheiden. «Viele Verschwörungstheoretiker sind genuin überzeugt, einem Komplott auf die Schliche gekommen zu sein; und nicht jede bewusst verbreitete Fehlinformation behauptet eine Verschwörung.»[3]

Fake News thematisieren

Eine Möglichkeit zum Einstieg in das Phänomen Fake News ist die Thematisierung von sogenannten «Hoaxes» im Unterricht. Hoaxes gehören zu den gezielten Falschmeldungen mit manipulativer Absicht und fordern ihre Empfänger zum Handeln auf. Es handelt sich meist um Kettenbriefe, die sich in sozialen Medien viral verbreiten.

Hierbei erscheint es wichtig, nicht nur für deren Problematik zu sensibilisieren, sondern auch Instrumente mitzugeben, mittels derer scherzhafte und harmlose Hoaxes von bedrohlichen, negative Gefühle hervorrufenden Kettenbriefen unterschieden werden können. Empfehlenswert dafür ist das Handbuch «Fake News», das neben guten Informationen auch nützliche Kopiervorlagen bietet. Hilfe zum Erkennen von Hoaxes und Falschmeldungen bieten verschieden Datenbanken, wie etwa der Tagesschau-Faktenfinder, die ebenfalls in diesem Handbuch besprochen werden.[4] Gute Materialien für den Unterricht zum Thema Fake News bietet auch SRF mySchool.[5]

---

[3] Butter (2017), S. 13.
[4] Himmelrath/Egbers (2018), S. 95–99 und 113–116.
[5] SRF mySchool (2018), Fake News, vom 4.5.: www.srf.ch/sendungen/myschool/fake-news.

Das Phänomen «Urban Legends» lässt sich ebenfalls gut im Unterricht aufnehmen. Ein Klassiker dafür sind die gesammelten Großstadtmythen: «Die Spinne in der Yucca-Palme», «Die Maus im Jumbo-Jet» usw.[6]

Ein kritischer Umgang mit Medien ist an sich keine neue Forderung. Der jüngst aufgedeckte Fall des «Starjournalisten» Claas Relotius, der im großen Stil Texte fälschte, zeigt, dass auch etablierte Medien nicht vor Falschmeldungen gefeit sind. Mit der Digitalisierung stehen uns heutzutage viel mehr Möglichkeiten offen zu Informationen zu kommen. Umso wichtiger wird es, Informationen einzuordnen und kritisch zu hinterfragen.

Im Zusammenhang mit Fake News ist es sinnvoll, die Möglichkeiten, Chancen und Grenzen neuer, aber auch etablierter Medien zu besprechen. Im Handbuch «Fake News» werden WhatsApp, Instagram, Snapchat und YouTube besprochen, für den Unterricht finden sich zudem praktikable Übungen zu Suchmaschinen und Datenbanken.[7] Weitere Hilfestellungen zum Erkennen von Fake News bietet *www.medien-in-die-schule.de* neben vielen weiteren Materialien für Lehrpersonen, Eltern, aber auch Jugendliche und Kinder.

---

[6] Rolf Wilhelm Brednich (1990), *Die Spinne in der Yucca-Palme. Sagenhafte Geschichten von heute*, München: Beck. Vom selben Autor sind erschienen: *«Die Maus im Jumbo-Jet»* (1991), *«Das Huhn mit dem Gipsbein»* (1994), *«Die Ratte am Strohhalm»* (1996) sowie *«Pinguine in Rückenlage»* (2004).

[7] Himmelrath/Egbers (2018), S. 70–89 und 91–105.

Den Fake erkennen

Verschwörungstheorien in Unterricht und Erwachsenenbildung

Eine wichtige Kompetenz im Zusammenhang mit Verschwörungstheorien ist, diese von echten Verschwörungen unterscheiden zu können. Für die Thematisierung von Verschwörungstheorien empfiehlt es sich daher, mit unstrittigen Verschwörungstheorien einzusteigen und danach Unterscheidungskriterien zu besprechen. David Eugster hat an der Tagung zu Verschwörungstheorien[8] vorgeschlagen, mit dem «Flat Earth Research Project» einzusteigen. Der Einstieg mit der Story über Mike Hughes, der eine Rakete gebaut hat, weil er selbst nachsehen will, ob die Erde rund bzw. flach sei,[9] hat sich im Unterricht bewährt. Eine andere oder zusätzliche Variante wäre die «Bielefeld-Verschwörung».[10]

David Eugster hat im Rahmen seines Workshops an der Tagung betont, dass dieses Vorgehen der skeptischen Prüfung von Mike Hughes eigentlich ja dem Ideal der Aufklärung entspricht. Allerdings haben wir es im Fall der «Flacherde-Theorie» mit einer Hyperkritik zu tun, die jegliche etablierten Informationsträger delegitimiert: «Die Zeitungen, die NASA, die Wissenschaft …, alle lügen.» Es braucht mithin beides, Skepsis und Vertrauen und es braucht eine Verständigung über die Gründe, weshalb ich einer Quelle vertraue und wo und warum Skepsis angebracht ist.

---

[8] Tagung der Kommission NRB/SEK vom 9.11.2018 in Zürich.
[9] Christoph Seidler (2018), *Besuch bei einem Verschwörungstheoretiker. Mad Mike und seine Rakete*, Spiegel Online: www.spiegel.de/wissenschaft/mensch/mad-mike-besuch-bei-einem-verschwoerungstheoretiker-in-kalifornien-a-1199324.html.
[10] Vgl. den Beitrag von Christian Ruch, S. 58 in diesem Band.

«Wer ist der Autor, was ist sein Anliegen und wie bringt er sein Anliegen zur Sprache?» Der Artikel «Alles war ganz anders»[11] bietet als weitere Annäherung zum Thema nicht nur einen unterhaltsamen Zugang zum Phänomen Verschwörungstheorien, er eignet sich auch gut, um die Fragen der klassischen Quellenkritik an einem Beispiel durchzuspielen. Dabei kann gerade auch die etwas voyeuristische Darstellung dieses Artikels und seine Voreingenommenheit kritisch gegenüber dessen aussagekräftigen Beobachtungen abgewogen werden. Als journalistischer Artikel will er eben auch einen gewissen News-Wert bringen, um im Zeitungsmarkt zu bestehen.

Verschwörungstheorien von echten Verschwörungen unterscheiden

Als Paradigma einer echten Verschwörung kann die Ermordung Cäsars dienen: Am 15. März des Jahres 44 vor Christus wurde Gaius Julius Cäsar ermordet. Einige Senatoren, die seit der Alleinherrschaft Cäsars ihren politischen Einfluss schwinden sahen, verschworen sich und beschlossen, den Tyrannen zu beseitigen, um die Republik zu restituieren. Zu ihnen gehörten Gaius Cassius und Marcus Iunius Brutus. Aus der neueren Geschichte eignet sich auch das Stauffenberg-Attentat gut als Beispiel.[12]

---

[11] Florian Werner (2017), *Alles war ganz anders!*, NZZ-Folio 10, 54–57, online: folio.nzz.ch/2017/oktober/alles-war-ganz-anders.

[12] Für den Unterricht geeignete Informationen dazu finden sich unter: www.geschichte-lexikon.de/stauffenberg-attentat.php, sowie www.planet-wissen.de/geschichte/nationalsozialismus/das_attentat/index.html; Materialien zu weiteren Beispielen finden sich hier: *www.srf.ch/kultur/wissen/praxis-statt-theorie-fuenf-tatsaechliche-verschwoerungen*.

Den Fake erkennen

Bei der Verschwörung gegen Cäsar bilden die Verschwörer ein kleine Gruppe mit einem konkreten Ziel. Die Ziele der Verschwörungstheorien sind oft viel weniger konkret. Weitere Besonderheiten sind:[13]

1. Der zeitliche Rahmen.
2. Die Größe der Verschwörung.
3. Die Annahme der Möglichkeit der ungestörten Steuerung der Welt durch eine kleine Gruppe.
4. Die Voraussetzung, dass Geschichte planbar ist.

Gegenüber tatsächlichen Verschwörungen erstreckt sich das von Verschwörungstheorien postulierte Komplott meist über einen viel längeren Zeitraum. Die postulierte Verschwörung ist zudem viel größer und aufwändiger: Verschwörungstheorien wie beispielsweise die Mondlande-Lüge bräuchten mindestens Dutzende Beteiligte und meist Hunderte Mitwisser und Mithelfer, da ist es unwahrscheinlich, dass nichts nach außen dringt.

Der Annahme, die Weltgeschichte werde durch eine kleine Gruppe, etwa die «Illuminati»,[14] gesteuert, lässt sich entgegenhalten, dass in der Realität der Politik viele konkurrierende Interessen aufeinandertreffen. Weder Brutus noch Stauffenberg haben ihre Ziele erreicht: Geschichte lässt sich nicht planen, denn a) weiß der Mensch

---

[13] Butter (2017), 37–41. Zur Unterscheidung vgl. auch Popper (2003), 112: «Es muß also zugegeben werden, daß Verschwörungstheorien vorkommen. Aber die auffallende Tatsache, die die Verschwörungstheorie trotz der Existenz von Verschwörungen widerlegt, ist, daß nur wenige Verschwörungen am Ende erfolgreich sind. *Verschwörer genießen selten die Früchte ihrer Verschwörung*».

[14] Zur den «Illuminati» vgl. Matthias Pöhlmann, S. 91 in diesem Band.

oft nicht einmal selbst, was er will,[15] und b) zeigt gesellschaftliches Handeln auch nicht intendierte Effekte.[16] Diese Undurchsichtigkeit des Weltgeschehens lässt sich mit dem Zitat aus der Zeitschrift Cicero, mit dem Matthias Pöhlmann seinem Beitrag einleitet, gut illustrieren.[17]

Verschwörungstheorien vertiefen

Der Lexikon-Artikel «Verschwörungstheorien»[18] eignet sich gut als Ausgangsbasis einer vertieften Betrachtung. Der Artikel bietet nicht nur eine Definition, sondern auch eine weltanschauliche Kritik von Verschwörungstheorien, die aus der Sektenberatung stammt. Die weltanschauliche Ausrichtung des Artikels bzw. des Lexikons gilt es transparent zu machen.

Ein wichtiges Merkmal ist die von Verschwörungstheoretikern vorgenommen Dreiteilung der Menschen in Verschwörer, unwissende Masse und Wissende, die der Artikel beschreibt. Verschwörungstheorien werden im zweiten Teil des Artikels sodann charakterisiert als hyperrational,

---

[15] Vgl. das Zitat von Freud im Beitrag von Dieter Sträuli, S. 63 in diesem Band: «Das Ich ist nicht Herr im eigenen Hause».
[16] Soziologisch gesehen sind «Handlungsziele» von «Handlungsfolgen» zu unterscheiden; letztere verselbstständigen sich rasch gegenüber den ursprünglichen Absichten und Ideen. Vgl. Rolf Eickelpasch (1999), *Grundwissen Soziologie*, S. 15. Christian Ruch spricht von einer «autopoietischen» Steuerung des Systems, vgl. seinen Beitrag, S. 42 in diesem Band. Zu Brutus/Stauffenberg siehe oben.
[17] Vgl. den Beitrag von Matthias Pöhlmann, S. 77 in diesem Band.
[18] Matthias Pöhlmann / Christine Jahn [Hg.] (2015), *Handbuch Weltanschauungen, Religiöse Gemeinschaften, Freikirchen*, Gütersloh, 620f: zitiert S. 95 in diesem Band.

Den Fake erkennen

attraktiv, auf schnelle Verbreitung hin angelegt, selbstimmunisierend, verallgemeinernd und gefährlich.[19]

Wir schlagen vor, diesen Artikel auf ein Reichsbürger-Zitat aus dem Bericht von Tobias Ginsburg anzuwenden.[20] Das Zitat ist ein illustratives Beispiel, um den Artikel «Verschwörungstheorien» zu konkretisieren. Einerseits ist die Unterteilung der Menschen in drei Kategorien (Verschwörer, unwissende Masse, Wissende) gut erkennbar, anderseits zeigt sich darin schon implizit deren Selbstimmunisierungsstrategie. Nur die «Aufgewachten» erkennen die Wahrheit – Kritiker gehören zu den «Schlafschafen», die von den «mächtigen Drahtziehern» getäuscht werden, oder sie stecken gar mit letzteren im Bunde.

Manichäisches Weltbild

Das Weltbild von Verschwörungstheorien wird (u. a. beim oben genannten Artikel «Alles war ganz anders») als manichäisch bezeichnet. Um die Parallelen Manichäismus – Verschwörungstheorien zu erarbeiten, empfiehlt sich der Artikel «Manichäismus» in Relilex.[21] Interessant sind dabei die Parallelen, die festgemacht werden können: Dualismus, Erkenntnis durch Erlösung und der Kampf zwischen Gut und Böse.

---

[19] Damit sind schon einige ihrer Merkmale genannt. Spezifische Kriterien zum Erkennen von Verschwörungstheorien siehe Christoph Grotepass (2018), *Fake News, Verschwörungstheorien & Reichsbürger*, in Sekten-Info NRW: sekten-info-nrw.de/index.php?option=com_content&task=view&id=335&Itemid=1.

[20] Tobias Ginsburg (2018), *Reise ins Reich. Unter Reichsbürgern*, Berlin (2018), 22; zitiert von Matthias Pöhlmann, S. 100 in diesem Band.

[21] Francesco Ficicchia (o. J.), Art. *«Manichäismus»* in Relilex: relilex.de/manichaeismus.

Tools zum Erkennen von Verschwörungstheorien und Fake News

Von verschiedenen Seiten werden interaktive Tools angeboten, die sich Fake News und Verschwörungstheorien widmen. Jedes Tool hat seine Perspektive auf die Thematik und seine Stärken und Schwächen. Wir schlagen vor, verschiedene Angebote auszuprobieren. Dies eignet sich gut auch als Hausaufgabe, als Partner- oder Gruppenarbeit, um danach den anderen über die Seite berichten zu können. Bewährt für diese Recherche haben sich folgende Angebote:[22]

- Der ARD-Faktenfinder (die ARD-Recherche-Abteilung stellt Falschmeldungen richtig): https://faktenfinder.tagesschau.de,
- https://blog.gwup.net/: Blog sowie die Zeitschrift «Skeptiker» (www.gwup.de) der Gesellschaft zur wissenschaftlichen Untersuchung von Parawissenschaften (GWUP),
- www.correctiv.org: gemeinnütziges journalistisches Recherchezentrum,
- www.hoaxilla.com: der Podcast entlarvt seit 2010 auf unterhaltsame Weise urbane Mythen und Verschwörungstheorien,
- www.medwatch.de: ein wissenschaftsjournalistisches Informationsportal zur Aufklärung von unseriösen Heilsversprechen,
- www.mimikama.at: leistet seit 2011 Aufklärungsarbeit gegen Fake News und Internetmissbrauch,

---

[22] Mögliche Leitfragen für die Untersuchung: *Thema:* Was ist das Thema der Internetseite (Fake-News, Verschwörungstheorien ...)? *Betreiber:* Wer betreibt die Seite mit welchem Anspruch? *Beispiel:* Welche Beispiele tauchen auf? *Charakter:* Wie wird das Thema behandelt? *Kritik:* Wie beurteilen Sie die Seite?

- www.netzcourage.ch: engagiert sich gegen Hate-Speech und Rassismus im Netz (ebenfalls Informationen dazu sowie über Verschwörungstheorien und Reichsbürger bietet www.amadeu-antonio-stiftung.de),
- www.psiram.com, der Skeptikerbewegung nahestehendes Verbraucherschutz-Angebot: Die Webseite bietet viele kritische Informationen zu Pseudotherapien und esoterischen Angeboten. Die Autoren arbeiten anonym.

Parodien

Parodien können nicht nur Unterricht und Erwachsenenbildung auflockern, durch die Nachahmung und Überzeichnung von Fake News und Verschwörungstheorien schärft sich auch der Blick auf deren Mechanismen. Mit *Wahre Welle* will die Bundeszentrale für Politische Bildung Aufklärung leisten: Die Kurzfilme nehmen gängige Verschwörungstheorien auf die Schippe und geben dabei viel Stoff zum Nachdenken und zur Diskussion.[23]

Mit Schülerinnen und Schülern kann es reizvoll sein, nicht nur Parodien anzuschauen, sondern selbst parodistische Fake-News oder Verschwörungstheorien herzustellen. Das Handbuch «Fake News» schlägt beispielsweise vor, einen Tweet zu verfassen, der sich ganz nach dem amerikanischen Präsidenten anhört.[24] Die Parodie sollte bei solchen Übungen stets erkennbar bleiben.

---

[23] www.bpb.de/lernen/projekte/270404/wahre-welle.
[24] «Twittern Sie selbst als Trump»: Himmelrath & Egbers (2018), 50f.

Fallstudien

Fallstudien ermöglichen, das Thema an konkreten Beispielen zu vertiefen bzw. die Kriterien zu prüfen. Vorgeschlagen dafür werden Themen, Gemeinschaften oder Personen, die in der Schweiz präsent sind und über die in Schweizer Medien in letzter Zeit berichtet wurde:

Anastasia – Naturbewegung mit nationalistischen und antisemitischen Untertönen

Anastasia[25] ist eine der größten religiösen Bewegungen aus Russland. Ihre Lehren stützen sich auf die Buchreihe von Wladimir Megre. Die in den Büchern proklamierten Lehren greifen diverse Glaubenslehren auf und fügen sie neu zusammen, sie sind weder einheitlich noch widerspruchsfrei, auch die Meinungen und Lehren von Megre ändern von Band zu Band. Die Lehren der Anastasia-Bewegung können nach eigenen Angaben nicht durch Logik und theoretische Konzepte erschlossen werden, sondern durch Erfahrung. Bildsprache und Emotionalität verschleiern deren Widersprüche. Die Buchreihe nennt mehrere Quellen der Weisheit: zuerst Anastasia, dann deren Groß- und Urgroßvater, Megre selbst, Anastasias Kinder und die Kinder von Megre. Die Ziele der Bewegung ändern fortlaufend: Am Anfang geht es darum, Russland zum fortschrittlichsten Land der Welt zu machen, später den Weltuntergang und einen Krieg zwischen Christen und Muslimen zu verhindern, schließlich Frieden im ganzen

---

[25] Die Anastasia-Bewegung ist hierzulande relativ neu und wird daher ausführlicher besprochen.

Universum zu schaffen. Außerdem gelten die Worte der Bücher als «magisch» und strikt zu befolgen.[26]

Anastasias Lehre
Gott wird zwar als allmächtig dargestellt, als Schöpfer des Universums, eingeschränkt ist laut Anastasia aber seine Kommunikation mit den Menschen, weil seine Gedanken eine zu hohe Geschwindigkeit aufweisen. Jedes Geschöpf im Universum habe eine bestimmte Geschwindigkeit der Gedanken: Je schneller, desto höher ist man in der Schöpfung. Auch Jesus wird in den Büchern erwähnt, er gilt als älterer Bruder von Anastasia.[27]

Neben Gott spielt natürlich Anastasia eine Hauptrolle in der Lehre. Sie ist eine junge, schöne Frau, die im Wald geboren worden ist und dort ohne Haus und ohne Vorräte lebt. Alles in der Natur dient ihr und sie kann Zukunft und Vergangenheit sehen. Sie spricht alle Sprachen der Welt, kann telepathisch kommunizieren und noch vieles mehr. All das sollen die Menschen auch können, wenn sie Anastasias Lehren befolgen. Zentral bei dieser Lehre ist, die Geschwindigkeit der Gedanken zu erhöhen, wozu man einen Familienlandsitz bauen solle. Mithilfe von Visualisierung könnten die Menschen alles erreichen, auch sich selbst erlösen. Anastasia sei die erste, die erkannt habe, dass die Welt und der Mensch vollkommen seien. Sie lehrt auch Reinkarnation, allerdings nur für Menschen, die einen Familienlandsitz gebaut haben und Anastasias Lehren folgten, alle anderen würden für immer sterben.[28]

---

[26] Martinovich (2014), 9. Siehe auch den Beitrag von Matthias Pöhlmann, S. 84 in diesem Band.
[27] Martinovich (2014), 9–10.
[28] Martinovich (2014), 10–11.

Die Anastasia-Bewegung

Die Anastasia-Bewegung organisierte sich zuerst als Leserkreise von Megres Büchern. Mit der Zeit betonte Megre immer stärker die Notwendigkeit von Familienlandsitzen und stellte in seinem fünften Buch Regeln auf, um seine Vision zu verwirklichen. Seit 2001 ist die Anastasia-Bewegung in Vereinen organisiert, die sich gegenseitig bei der Beschaffung von Land unterstützen, um Familienlandsitze zu bauen. Außerdem sollen für die Bewirtschaftung des Landes keinerlei moderne Technologien verwendet werden, diese gelten als «böse».[29]

Die Anastasia-Bewegung wird vom russischen Staat unterstützt, in nicht sehr dicht besiedelten Teilen Russlands bekam sie für ihre Familienlandsitze Land vom Staat geschenkt. Auch außerhalb von Russland wächst die Bewegung und erfreut sich vor allem in Deutschland großer Beliebtheit. In der Schweiz soll es zwei Familienlandsitze geben.[30]

Nach dem Vorbild der russischen Schetinin-Schule will die Anastasia-Bewegung im deutschsprachigen Raum eigene Schulen etablieren. Diese funktionieren ohne Lehrpersonen: Die Kinder unterrichteten sich selbst und würden von Erwachsenen nur begleitet. Dabei werden häufig gemeinsame Brainstormings gemacht. Das ganze Wissen der Welt ist nach der Anastasia-Lehre schon bei der Geburt in den Menschen vorhanden und müsse nur

---

[29] Martinovich (2014), 12–15.
[30] Franz Moor (2016), «*Was ist die Anastasia-Bewegung? 990 000 Jahre mit Gott im Paradies*», WOZ vom 26.10.: http://static.woz.ch/1643/was-ist-die-anastasia-bewegung/990-000-jahre-mit-gott -im- paradies.

noch aktiviert werden. In Österreich ist bereits eine solche Schule gegründet worden, in Deutschland und der Schweiz werden Schulgründungen vorbereitet.[31]

Rassismus und Extremismus
Die Anastasia-Bewegung folgt dem Glauben des Nationalsozialismus, dass das Blut reingehalten werden solle und keine jüdischen Einflüsse dazukommen dürften. Ihre Anhänger glauben, dass der Zweite Weltkrieg eine Lüge sei und dass die Flüchtlinge von bösen Mächten geschickt worden seien, um das deutsche Volk zu vernichten. Insbesondere die Juden kommen in der Verschwörungstheorie von Megre nicht gut weg. Seiner Ansicht nach gibt es innerhalb der Juden eine kleine Gruppe von Priestern, die «Leviten», welche die Welt beherrschen. Diese programmierten die Menschen als biologische Roboter. Jesus habe versucht das aufzubrechen, doch er habe versagt.[32]

Megre vertritt eine eigene Version der historischen Tatsachen und bewegt sich damit in einem rechtsextremen und antisemitischen Umfeld. Die Anastasia-Bewegung sieht das Böse nicht nur bei den Juden, auch das Christentum und der Islam gründeten auf machthungrigen Priestern. Nur die Lehren von Anastasia seien frei von diesem Übel und würden deshalb von vielen Seiten angegriffen und verteufelt. Wie bei anderen Verschwörungstheorien grenzt sich die Anastasia-Bewegung von allem anderen ab, nur Anastasia kennt die Wahrheit.[33]

---

[31] Moor (2016).
[32] Vgl. Moor (2016); Info Sekta (2016), *«Einordnung der Anastasia-Bewegung im rechtsesoterischen Spektrum»*, Zürich: InfoSekta: www.infosekta.ch/media/pdf/Anastasia-Bewegung_10112016_pdf., 3–4.
[33] Info Sekta (2016), 3–4.

Materialien zu Anastasia

Informationen zu Anastasia bieten der Artikel von *info-Sekta*, verschiedene Zeitungsberichte[34] sowie Fernsehdokumentationen, die sich auch online finden, beispielsweise «Bio, braun und barfuß – Rechte Siedler in Brandenburg» von RBB vom 15.05.2019, «Grüner Garten, brauner Boden» der ARD vom 11.04.2019 oder «Anastasia-Kult: Rechte Ideologie bei esoterischen Öko-Landwirten», Reportage des BR vom 21.11.2018.

Chemtrails und die unheimliche Faszination von Verschwörungstheorien

Laut der Chemtrail-Theorie werden über die Kondensstreifen von Flugzeugen Chemikalien versprüht mit dem Ziel, die Bevölkerung zu manipulieren bzw. zu reduzieren. Die Vertreter dieser Verschwörungstheorie wollen dies daran erkennen, dass es heute mehr und länger sichtbar bleibende Kondensstreifen am Himmel gebe als früher.[35]

An Chemtrails (sowie an viele andere Verschwörungstheorien) glaubte Stefanie Wittschier. Mit einer 9/11-Dokumentation fing es bei ihr an. Dann rutschte sie immer

---

[34] InfoSekta (2016); Mohr (2016); Sarah Schmalz (2016), «*Anastasia-Sekte: Wer heilt die Welt und den Menschen?*», WOZ vom 26.10.: www.woz.ch/-73a3; Kurt Pelda, *Mehr Braun als Grün*, Tagesanzeiger vom 13.12.: www.tagesanzeiger.ch/leben/gesellschaft/anastasia-bewegung-russische-sekte-draengt-in-die-schweiz/story/ 27748129.

[35] Siehe dazu den Beitrag von Christian Ruch, S. 39–41 in diesem Band sowie Leonie Feuerbach, Chemtrails und Reptiloide, Bundeszentrale für politische Bildung; www.bpb.de/lernen/projekte/270412/chemtrails-und-reptiloide. Eine kritische Darstellung der Theorie findet sich auch bei Karl Hepfer (2015), *Verschwörungstheorien — Eine philosophische Kritik der Unvernunft*, S. 132, Bielefeld: Transcript.

tiefer in den Verschwörungswahn. Als sie im Internet die Forderung las, «man solle Flugzeuge, die Chemtrails versprühen, mit Laserpointern vom Himmel holen», wurde ihr unheimlich. Sie begann sich mit Skeptiker-Seiten zu befassen und löste sich allmählich von der Szene. Seit Stefanie Wittschier den Ausstieg aus der Verschwörungsszene geschafft hat, betreibt sie mit dem Blog «Die lockere Schraube» Aufklärungsarbeit.[36]

Die Geschichte von Stefanie Wittschier ist illustrativ und gut dokumentiert.[37] Sie gibt Einblick, wie Menschen in den Verschwörungswahn hineingeraten, aber auch wie der Ausstieg zu schaffen ist. Ausführlich mit den Argumenten der Chemtrail-Verschwörungstheorie hat sich der «Skeptiker» auseinandergesetzt und sachliche Einwände zusammengestellt.[38]

Daniele Ganser und die Zweifel an 9/11

Zum Schweizer Historiker bietet Michael Butter eine ausführliche Fallstudie.[39] In der empfehlenswerten SRF-Sendung «Einstein» zum Thema Verschwörungstheorien

---

[36] www.dielockereschraube.de.

[37] Günter Kaindlstorfer (2017), *Erleuchtet durch* Verschwörungstheorien: Eine Aussteigerin erzählt, srf.ch vom 19.3.: www.srf.ch/kultur/gesellschaft-religion/erleuchtet-durch-verschwoerungstheorien-eine-aussteigerin-erzaehlt.

[38] Holm Hümmler (2006), *Chemtrails – Zwischen Meteorologie und Verschwörungstheorie*, in: *Skeptiker 2/06*, S. 48–55, online: www.gwup.org/infos/themen/72-verschwoerungstheorien/1799-chemtrails-zwischen-meteorologie-und-verschwoerungstheorie-skeptiker-2-2006; Mario Sedlak (2016), *Chemtrails – Seriöse Argumente gegen eine unseriöse Theorie*, in: *Skeptiker, 2/16*, S. 56–64.

[39] Butter (2018), 83–93; vgl. auch Beat Glogger (2018), *«Hätte man die Anschläge von 9/11 inszeniert, wären sie perfekter»* (Interview

wird sein Engagement ebenfalls kritisch beleuchtet.[40] Ganser ist ein prominenter Kritiker der offiziellen Untersuchung von 9/11 und erreicht mit seinen Vorträgen zu diesem besonders strittigen Thema ein breites Publikum.

Ganser nimmt für sich in Anspruch, unbequeme Fragen zu stellen und stellt sich als unbeugsamen Wissenschaftler dar, der nur die Wahrheit ans Licht bringen will. Wer seine Vorträge, die sich online finden, anschaut, merkt schnell, dass es Ganser vor allem darum geht, den offiziellen Untersuchungsbericht zu diskreditieren und damit implizit die US-Regierung für 9/11 verantwortlich zu machen.

Klagemauer-TV – ein Schweizer Portal mit «alternativen» Nachrichten

Klagemauer-TV ist das Medienportal von Ivo Sasek, Begründer der umstrittenen Gemeinschaft «Organische Christus Generation», kurz OCG. Nach Harald Lamprecht eigenen sich die im Nachrichtenstil produzierten Videos gut zum Studium von Grundmustern verschwörungstheoretischer Argumentationen.[41] Mit der Plattform «klagemauer.tv» bzw. «kla.tv» und der von ihm gegründeten

---

    mit Michael Butter), in: Higgs vom 31.8.: www.higgs.ch/ haetteman-die-anschlaege-von-9–11-inszeniert-waeren-sie-perfekter/10597/. Roger Schawinski (2018), *Verschwörung. Die Fanatische Jagd nach dem Bösen in der Welt*, Zürich: NZZ-Libro, widmet Ganser ein eigenes Kapitel (S. 35–58). Auf eine breitere Darstellung Gansers wird daher an dieser Stelle verzichtet.

[40] SRF «Einstein» (2017), *Die Anatomie von Verschwörungstheorien*, vom 26.1.: www.srf.ch/sendungen/einstein/die-anatomie-von-verschwoerungstheorien.

[41] Harald Lamprecht (2015), *Der Aufklärungsprophet. Ivo Sasek als Gottesbote und Verschwörungstheoretiker: Anti-Zensur-Koalition –*

Anti-Zensur-Koalition (AZK) will Sasek die Falschmeldungen der «Lügen-Medien» korrigieren und Nachrichten verbreiten, welche die von angeblich geheimen Mächten gesteuerten Medien verschweigen oder unterdrücken würden.

Klagemauer-TV hat beispielsweise einen Dokumentarfilm zur flachen Erde gesendet und die Flüchtlingskrise als von außen gesteuert bezeichnet; ORF und BR haben darüber, aber auch über Ivo Sasek, OCG und AZK berichtet.[42] Auch die bereits erwähnte SRF-Sendung «Einstein» thematisiert das Medienportal. Alle drei Dokumentationen sind online zu finden. Mit Klagemauer.tv, Ivo Sasek und AZK bzw. der Problematik «alternativer Medien» haben sich auch Michael Butter, Hugo Stamm und Roger Schawinski auseinandergesetzt.[43]

Klagemauer.tv – Organische Christus Generation, in: *Weltanschauungen – Texte zur Religiösen Vielfalt*, Nr. 106. Lamprecht betont den suggestiven, hypothetischen Charakter der gestellten Fragen und die rhetorische Aufforderung, sich (anhand der einseitigen Darstellung) eine eigene Meinung zu bilden.

[42] ORF «Am Schauplatz» (2018), *Der letzte Apostel?*» vom 08.11.; BR «Kontrovers» (2016), *Verschwörungs-Sekte: Wir erlösen uns von dem Bösen*, vom 01.12., vgl. auch NDR «ZAPP» (2017), *«Fake News»-Macher von Klagemauer.tv packt aus*, vom 2.2.

[43] Butter (2018), 191ff; Hugo Stamm (2018), *Schweizer Sektenprediger vergleicht Jesus mit Hitler – die unsägliche Story des Ivo Sasek*, watson.ch vom 17.11.: www.watson.ch/blogs/sektenblog/3700 39360-schweizer-sektenprediger-vergleicht-jesus-mit-hitler-die-unsaegliche-story-des-ivo-sasek; Schawinski (2018), 71–82.

Autorinnen und Autoren

Miryam Eser Davolio, Dr. phil.: Erziehungswissenschaftlerin, Dozentin am Institut Vielfalt und gesellschaftliche Teilhabe, Departement Soziale Arbeit der Zürcher Hochschule für Angewandte Wissenschaften.

Christian Metzenthin, Dr. theol.: Religionslehrer und Mittelschulseelsorger, Mitglied der Kommission Neue Religiöse Bewegungen des Schweizerischen Evangelischen Kirchenbunds.

Matthias Pöhlmann, Dr. theol.: Kirchenrat, Beauftragter für Sekten- und Weltanschauungsfragen der Evangelisch-Lutherischen Kirche in Bayern, München; seit 2015 Vorsitzender der Konferenz der Landeskirchlichen Beauftragten für Sekten- und Weltanschauungsfragen in der Evangelischen Kirche in Deutschland (EKD).

Christian Ruch, Dr. phil.: Historiker und Soziologe, Autor und Ritualgestalter.

Jasmin Schneider; BA UZH in Religionswissenschaft: Mitarbeiterin auf der Evangelischen Informationsstelle Kirchen-Sekten-Religionen, Rüti ZH.

Dieter Sträuli, Dr. phil.: Psychologe, Vorstandsmitglied von *infoSekta* und des Lacan Seminars Zürich.